百年伟业 川农人

BAINIAN WEIYE
CHUANNONG REN

四川农业大学党委宣传部◎编著

四川大学出版社
SICHUAN UNIVERSITY PRESS

图书在版编目（CIP）数据

百年伟业川农人 / 四川农业大学党委宣传部编著
. — 成都 : 四川大学出版社，2022.7
ISBN 978-7-5690-5561-0

Ⅰ. ①百… Ⅱ. ①四… Ⅲ. ①四川农业大学－校友－生平事迹 Ⅳ. ①K820.7

中国版本图书馆 CIP 数据核字（2022）第 120112 号

书　　名：百年伟业川农人
　　　　　Bainian Weiye Chuannongren
编　　著：四川农业大学党委宣传部

选题策划：孙滨蓉　朱兰双
责任编辑：孙滨蓉
责任校对：吴连英
装帧设计：墨创文化
责任印制：王　炜

出版发行：四川大学出版社有限责任公司
　　　　　地址：成都市一环路南一段 24 号（610065）
　　　　　电话：（028）85408311（发行部）、85400276（总编室）
　　　　　电子邮箱：scupress@vip.163.com
　　　　　网址：https://press.scu.edu.cn
印前制作：四川胜翔数码印务设计有限公司
印刷装订：成都金阳印务有限责任公司

成品尺寸：185mm×260mm
印　　张：9.75
字　　数：260 千字

版　　次：2022 年 8 月 第 1 版
印　　次：2022 年 8 月 第 1 次印刷
定　　价：48.00 元

本社图书如有印装质量问题，请联系发行部调换

四川大学出版社
微信公众号

赓续川农大红色血脉

（代序）

四川农业大学党委书记　庄天慧

历史是最好的老师，党的历史是最生动、最有说服力的教科书。2013 年 6 月，习近平总书记在主持中共中央政治局第七次集体学习时强调，学习党史、国史，是坚持和发展中国特色社会主义、把党和国家各项事业继续推向前进的必修课。这门功课不仅必修，而且必须修好。

作为一所具有光荣革命传统的红色高校，四川农业大学 116 年的办学史也是党的革命史、建设史、强国史的一部分，百年党史和百年校史交融交织、交相辉映，共同映照了川农人听党话、跟党走的光荣传统，蕴含了川农人“兴中华之农事”的深厚情怀，镌刻了川农人在党的领导下办人民满意教育的奋进历程。

《百年伟业川农人》搜集整理了 200 多幅照片，以 60 余位学校人物故事为线索，生动展现了在中国共产党的领导下，川农人与国家民族同呼吸共命运的奋斗历程。从建党之初，以王右木、郑佑之、康明惠等为代表的革命先辈扎根巴蜀大地积极传播宣讲马克思主义，到抗战期间，以杨开渠、杨允奎等为代表的老一辈专家为实现四川粮食增产保供进行农业科研和推广，为夺取抗战胜利发挥突出作用；从新中国成立前后，以江竹筠、胡其恩、何懋金、张大成、曾廷钦等为代表的革命英烈，为建立新中国抛头颅洒热血，用生命捍卫新生的共和国政权，到新中国成立以来，以杨凤、颜济、邱祥聘、周开达、荣廷昭等为代表的知名专家以及广大师生员工，坚定不移立德树人、矢志不渝强农兴农，为党的事业发展壮大、国家繁荣富强、农业现代化做出突出贡献，一代代川农人用忠诚和热血书写了精彩的兴农报国时代篇章。

读懂这部历史，就能读懂川农大的“红色家谱”，就能解析川农人的“红色精神”。

站在两个百年的历史交汇点上，聆听峥嵘岁月的历史回响，沿着百年党史中几代川农人共同绘就的“红色精神图谱”，追寻前辈足迹，赓续红色血脉，承继初心使命，相信一定可以让我们精神底色更红、思想本色更牢、办学特色更亮、发展成色更好。

目　录

第一单元　寻路：在黑暗中举火

第二单元　救亡：抗日救亡，以农报国

第三单元　忠诚：在春天里长眠

第四单元　归来：响应祖国的召唤

第五单元　攻坚：肩负强农兴农使命

第六单元　奋斗：党旗飘扬，党徽闪耀

第一单元

寻路：在黑暗中举火

民国时期军阀倾轧，民生凋敝。受马克思主义影响，各地中国共产党的早期组织纷纷建立，开展了大量的工作。1921 年 7 月，中国共产党诞生，开始领导人民打破黑暗，寻求光明。在这最初的探寻里，有一些川农人留下的身影不可磨灭。他们与国家休戚与共，他们把宝贵的青春和热血献给党的事业，用真真切切的拼搏和奋斗、奉献与牺牲为民族带来薪新希望。他们是深爱脚下这片土地的赤子，是黑暗中奋力高擎火炬的勇士。

江山如睡夜如磐

目光定位到百年前的西南四川盆地。

1906 年，秉承着一代中国人“兴中华之农事”以救亡图强的祈望，四川通省农业学堂（四川农业大学前身）成立，在成都平原竖起了现代农业文明的旗帜。从通省农业学堂到 1912 年更名为四川高等农业学校，再到 1914 年更名为四川公立农业专门学校，不管校名如何改变，不变的是川农大与时代同呼吸共命运的不平凡。“不以忧患改其节”，苦难历练铸就了川农大至今不变的坚韧个性。

在建校十余年后，学校遭遇了百余年办学历史中的第一段艰难时期。辛亥革命后的 20 多年里，四川内战连年不断。1912 年到 1933 年，川内发生军阀大小混战 470 多次，给整个四川带来了深重灾难。1917 年 4 月，学校校舍被滇军占领掠夺，损失惨重。国势衰颓之下，又受连年内战的影响，学校办学举步维艰。1922 年，学校教员的薪金一度每月只能领到二至三成，甚至一两个月分文不发，不少公费学生忍饥挨饿。在风云变幻的年代，川农人始终顽强地坚持着“兴中华之农事”的信念，并成为川农人强大的精神支撑。

1919 年，声势浩大的五四运动狂飙席卷全国。这场反帝反封建的伟大爱国革命运动不仅让成都的学生运动蓬勃发展，也引起了思想文化战线广泛而深刻的变革。

面对这场思想文化的变革，四川公立农业专门学校与时代同呼吸，积极发挥着自己的作用。学校师生怀着强烈的社会责任感，积极参与到各种追求正义与光明的群众运动中：他们中有四川地区革命事业的先行者，还有更多的人，他们的身影出现在全省学联开展的成都全市总罢课运动中，争取教育经费的独立；他们为工人开办夜校，身影出现在呼唤工人阶级意识觉醒的讲台上；他们组成学生讲演队，身影出现在新都县城；他们的身影还出现在请愿、通电控诉罪行等多种群众活动中，与反动军阀不懈斗争……展示出不畏强权团结战斗的英雄气概，用信仰和鲜血书写的一份份川农大红色档案，铸就了川农大的红色精神，留下了宝贵的精神财富。

王右木：长夜里点燃星火

王右木（1887—1924），**江油县**（**今江油市**）**人**

资料来源：中共江油市委党史研究室

20 世纪初，进步运动和思潮不断影响着四川文化教育界。此时，四川一批早期的马克思主义者正集结在各学校中为进步事业培养后备力量，四川公立农业专门学校教师王右木便是其中之一。

王右木为追寻救国救民的道路，1914 年考入日本庆应大学理化专业，后转入东京明治大学经济系。留学期间，他与李大钊、李达等结识，与进步学者来往密切，深受马克思主义和无产阶级革命主张影响。1918 年他获得经济学士学位回乡后，拒绝了填补省议员位置的机会。他说："我到日本留学，是为了寻找救国救民的方法。现在我从日本回来，当然是准备去革命的。准备和普天下的劳苦大众一道，共同努力，摧毁这个吃人的黑暗社会。"

1920 **年王右木在成都与家人合影**

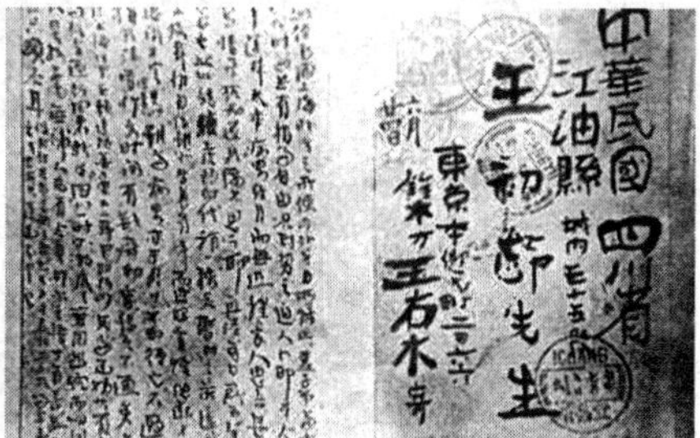

1918 **年** 6 **月** 24 **日，王右木于日本东京给大哥王初龄的信**

资料来源：中共江油市委党史研究室

王右木放弃安逸的生活，与旧式家庭决裂，1919 年夏到国立成都高等师范学校任学监并教日文。1920 年 8 月以后，他选择来到四川公立农业专门学校兼任经济学教员，因为这里正是接触过社会底层的无产阶级青年在成都的集中之地。他的到来开启了川农大光荣的革命传统。在这里，他利用课堂深入浅出地宣传马克思主义。他尖锐地批评当时空喊“实业救国”的人，引导青年思考国家的前途：“中国政治问题不解决，经济问题也不可能解决，实业就没有前途。”

1920 年暑假，33 岁的王右木奔波 4000 多里赶赴上海，与陈独秀、李汉俊、李达、施存统等多位志同道合的战友交流各地筹建党组织和利用《新青年》宣传马克思主义的情况。他返回成都几个月后，四川地区最早宣传和研究马克思的革命群众组织——马克思读书会在他的筹建下诞生。读书会组织成员阅读社会主义书籍和进步报刊，川农大不少学子正是其中成员。至此，四川革命的星星火种已经播下，红色精神融入川农大血脉。

马克思读书会部分成员在成都皇城内留影

资料来源：中共江油市委党史研究室

1922 年 2 月，他创办宣传马克思主义的旬报《人声》，兼任社长和主笔。1924 年春，他又根据党组织决定出任《甲子日刊》主笔。这些刊物如战鼓，唤醒了群众，振奋了无数热血青年，其中一些人直接走上了革命道路。

《人声》报创刊号

资料来源：成都市档案馆

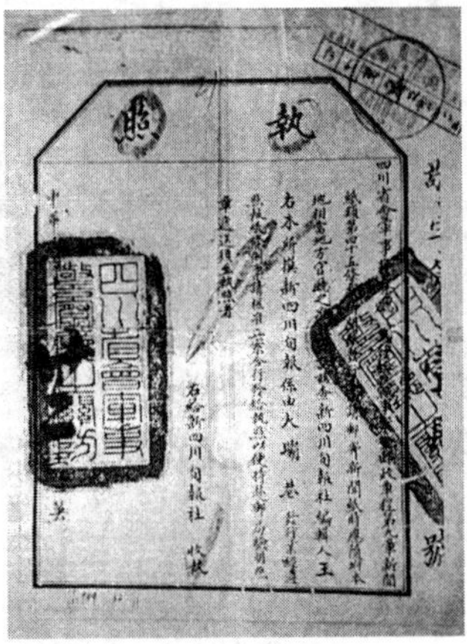

《人声》报前身、《新四川》旬报执照

资料来源：中共江油市委党史研究室

王右木不但是马克思主义理论宣传家，而且是领导群众运动的革命家。1922 年，在学校缺乏经费难以为继的关头，他和革命同事一起领导了争取教育经费独立的群众运动。同年 10 月，他着手创建了中国社会主义青年团成都地方执行委员会，被选为执行委员。在他的推动下成都市劳工联合会于 1923 年 5 月 1 日成立。他指导青年团员在学校开展平民教育，提高工人阶级觉悟。在他的领导下，四川社会主义青年团掀起了一浪高过一浪的爱国进步学生运动，有力地震慑了反动军阀政府，扩大了团组织在四川进步知识分子群体中的影响力。

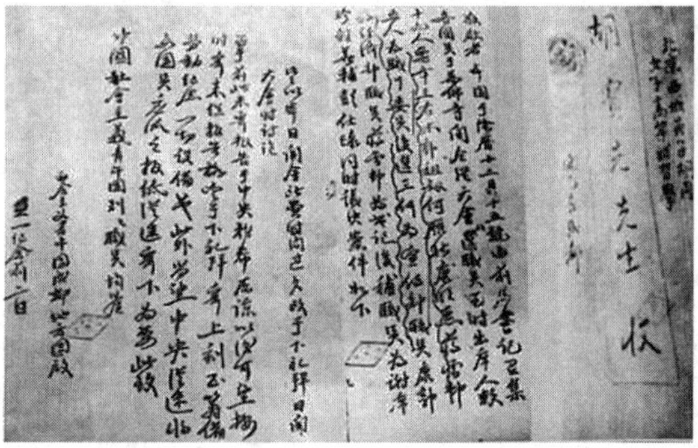

中国社会主义青年团成都地委给团中央的信（1923 **年** 4 **月** 29 **日**）

资料来源：中共宜宾市叙州区委党史研究室

经王右木和革命同事的广泛动员，四川群众的阶级觉悟大为提升，马克思主义理论日益深入人心。1923 年 10 月，他根据党中央指示，建立了四川最早的党组织——中国共产党成都独立一组并出任书记，直属中共中央领导。

1924 年秋，他在广州参加党的重要会议后，经广西、贵州步行返川，一路进行社会考察。途经贵州土城时不幸被反动派杀害，年仅 37 岁。

1952 **年，毛泽东主席为王右木烈士家属签发的“光荣纪念证”**

资料来源：中共江油市委党史研究室

王右木在四川公立农业专门学校播下的火种并未因他的牺牲而熄灭，他将生命的火种和信仰传递给了一批进步学生，引领他们成长为四川早期党团组织的骨干力量，用一腔热血为四川革命掀开了崭新的一页。王右木生前战友、四川省原副省长张秀熟曾这样评价："右木同志一生红如烈火，他忠诚于党，忠诚于革命事业，他是播种机，他是先驱者，他的精神值得我们永远学习，我们的后代也要一代代地学习和传承他的精神。"

江油武都镇王右木纪念馆

资料来源：书籍《四川马克思主义运动先驱·党团组织创始人　王右木》

郑佑之：领导农民运动的“川南农王”

郑佑之（1891—1931），**四川宜宾县（今宜宾市叙州区）古罗镇人**

在四川高等农业学校（1912—1913 年，四川农业大学前身）殖边科招收的首批学生中有位 21 岁的青年郑佑之，后来他成长为四川早期马克思主义的传播者，农民运动、妇女运动、学生运动的开拓者，川南党组织的创建人和卓越领导人，在四川地下党人中有“四川卡尔”“第二马克思”“川南农王”之称。

郑佑之从小深受民主思想的熏陶与启蒙，他怀着为开发祖国边疆而奋斗的志向于 1912 年进入学校殖边科学习。求学期间他勤奋刻苦，却因家庭经济压力，而不得不辍学。回家后的他继续秉持在四川高等农业学校养成的胸怀天下的求知精神，积极阅读进步报纸杂志，留心时局。

郑佑之目睹民国各种乱象常感悲愤，失望的他开始寻找救国救民之他法。俄国十月革命后，郑佑之接触并研读马克思主义，找到了为整个国家带来曙光的力量。

1920—1922 年，郑佑之在宜宾通过办小学、当教员的机会宣传马克思主义和民主革命思想。此时，他与中国共产党早期青年运动领袖、无产阶级革命家恽代英结识，并多次书信往来。1922 年，在恽代英介绍下他加入中国共产党，此后常与王右木等联系，在党领导下从事革命工作。

他在走上革命道路的同时还帮助身边的人提高思想觉悟。在他的推动下，川南党组织培养了大批优秀党员，其中他的妻妹赵一曼（原名李坤泰）后来成长为抗战中的民族英雄。

1924 年，郑佑之根据上级指示，到宜宾县古罗场开展平民教育，宣传马列主义，启发农民提高觉悟，培育革命力量。同年，他担任县教育局视学，创办了多个进步刊物，将大批党团员安排在教育战线上。在他的领导下，宜宾的反帝爱国运动浪潮推动了学生、青年、妇女、工人等群众组织蓬勃发展。

1926年1月30日，中国共产党在宜宾的首个地方组织——中共宜宾特支即告成立，直属中共中央领导，郑佑之当选为书记。从此宜宾各级党组织发动农民群众和进步青年等，掀起了轰轰烈烈的革命热潮。国共合作期间，郑佑之积极组织学生开展街头宣传，举行游行，散发传单，发动群众开展与军阀、土豪劣绅的斗争。他亲自组织川南农民自卫军，反抗苛捐杂税，与大肆搜刮民财的地方军阀相抗衡。他指导宜宾妇女群众到驻地揭露军阀恶行……声势浩大的抗捐运动震动全川。此外，郑佑之还派三名中共党员赴广州参加毛泽东主办的农民运动讲习所，这三人返川后都成为四川地区农民运动的领导者。

赵一曼

[illegible]：

我这回是奉地委公事回来，再办普岗寺平民校与成立青年团支部。

你已经何珏辉介绍入团了　去年上期的事，所以你的文章，他们满盘登在报上。报馆被杨子惠停闭了，我这回去清你的文章未清齐。二姐已入团了。我这回带回的《决议案》及《团刊》，你可以下细看一看。你同二姐若能再邀一两同志入团，你们就可以成立支部了。你们找同志，可以专在妇女中间去找　第一是青年女子要紧，将来女同志多了的时候，可以特别替你们成立个妇女部。

成都女权运动大同盟也是我们的同志成立的，将来你们可以常常通信。请注意这次的国民会议，要解放妇女，就要在国民会议中提出议案，要求众人赞成，众人赞成了，男女才能平等，妇女才能自由。

郑佑之给赵一曼的信（1925年）

资料来源：中共宜宾市叙州区委党史研究室

1927年，白色恐怖笼罩中国，宜宾军阀开始大肆镇压革命。郑佑之没有退却，反而迎难而上创办《夜光新闻》，宣传革命，创立农民协会，团结农民，组织农民运动，开展斗争。1929年至1930年，郑佑之当选为中共四川省委委员。1930年他被调往重庆，先后担任中共川东特委、合川中心县委、江巴中心县委的领导，继续领导和组织工人、学生和贫苦群众开展运动。他还根据自己多年发动农民斗争的经验，向党组织提出建设农村游击队的建议，但因当时党内“左”倾冒险主义占据上风，他的意见未能得到认可。

后来中共在重庆的多处组织被暴露，多人叛变投敌。1931年12月，郑佑之在转移离开重庆前被捕遇害。

郑佑之一生致力于马克思主义的传播，培养了众多坚定的共产主义战士。他特别善于发动农民进行革命运动，是当之无愧的我党早期著名平民教育家和农民运动领袖。

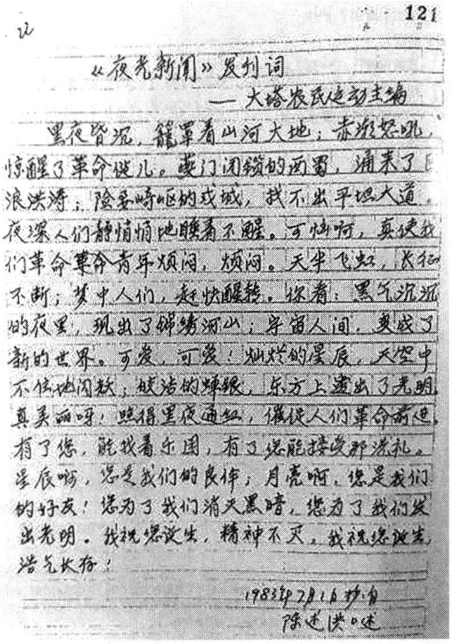
121

《夜光新闻》发刊词

——大塔农民运动主编

黑夜昏沉，笼罩着山河大地；赤潮怒吼，惊醒了革命健儿。夔门闭锁的西蜀，涌来了巨浪洪涛；险恶崎岖的戎城，找不出平坦大道。夜深人们静悄悄地睡着不醒。可怜啊，真使我们革命革命青年烦闷，烦闷。天半飞虹，长征不断；梦中人们，赶快醒转。你看：黑气沉沉的夜里，现出了锦绣河山；宇宙人间，变成了新的世界。可爱，可爱！灿烂的星辰，天空中不住地闪烁；皎洁的辉银，东方上透出了光明。真美丽呀！照得黑夜通红，催促人们革命前进。有了您，能找着乐园，有了您能接受新洗礼。星辰啊，您是我们的良伴；月亮啊，您是我们的好友！您为了我们消灭黑暗，您为了我们发出光明。我祝您诞生，精神不灭，我祝您诞生，浩气长存！

1983年7月16抄自

陈述洪口述

《夜光新闻》发刊词

革命烈士证明书

郑佑之同志在革命斗争中壮烈牺牲，经批准为革命烈士，特发此证，以资褒扬。

中华人民共和国民政部

一九八三年七月一日

郑佑之革命烈士证明书

康明惠：为革命事业传薪播火

康明惠（1898年生），成都温江人

康明惠在四川公立农业专门学校林科就读时，加入了王右木创立的马克思读书会。他深受王右木影响，逐步成长为其得力助手、马克思主义的坚定信仰者，后成为四川党团组织的骨干成员、参加党领导的重大革命事件的重要人物，播撒革命火种直至献出宝贵的生命。

1920年秋，康明惠以优异成绩考入四川公立农业专门学校，他不仅刻苦学习，还积极参加社会活动。他与其他6位同学一起组成马克思读书小组，每周开展一次活动，风雨无阻。这期间，康明惠积极学习各类进步刊物，初步确立了马克思主义信仰。

1922年，四川社会主义青年团创立，康明惠被王右木推荐入团。青年团先后建立了11个支部，四川公立农业专门学校支部便是其中之一。康明惠入团后，随即成为学校在争取教育经费独立运动中的重要领导者。他积极奔走发动，为运动成功做出了重要贡献。

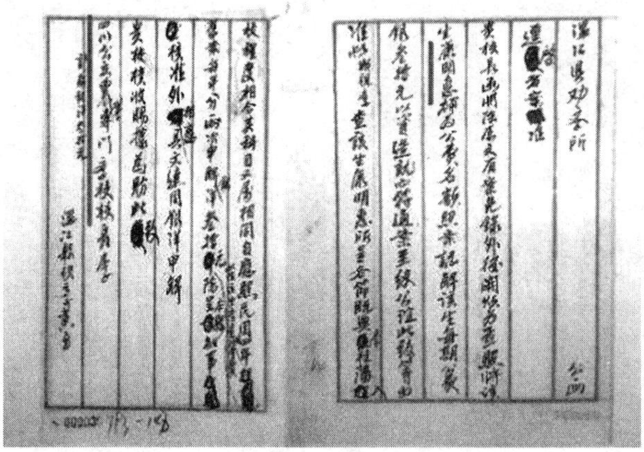

《马克思读书会会员名录》(1920 年)

1923 年，康明惠在四川社会主义青年团第二届执委选举中被选为执委委员。面对团内初创期的矛盾，康明惠积极应对，为维护团内团结付出了巨大努力。同年，康明惠受王右木委派，回家乡温江县（今成都市温江区）考察。通过调查，康明惠提出了武装革命夺取政权的主张，成为党的历史上较早正确地提出武装夺取政权道路思想的先行者之一。

在王右木的指导下，康明惠在四川农校开展平民教育，创办了工人教育班并任班主任，招收了农民、不同行业的工人 50 余名。

此后，康明惠在成都地方团组织任第三、四届执委委员，兼任四川省学生联合会秘书和省民权运动大同盟庶务股主任。他负责团组织日常工作的开展，通过与学生界、工农界的联合，党、团组织活动得到了广泛支持。正是由于康明惠等的不懈努力，成都地方团组织在军阀势力的联合绞杀下顽强生存，为后来四川党组织的建立打下了良好基础。

1924 年，康明惠应党中央加强国共合作的要求，与王右木一起以个人名义加入国民党。王右木牺牲后，康明惠坚持马克思主义信念矢志不渝，继续进行革命活动。

1925 初，受党中央委派，他考入黄埔军校第四期工兵科。在军校，他加入周恩来组织的“青年军人联合会”，同右派分子展开斗争。毕业后，他被分配在国民革命军第四军任排长并参加了北伐战争。

“四·一二”反革命政变后，康明惠随部队参加了南昌起义。1927 年底，他返回温江开展革命工作。回家第二天，他便被反动势力以共产分子名义逮捕，后因查无实据被释放。白色恐怖之下，康明惠没被吓倒，冒着生命危险继续进行地下工作。他以农学专长为掩护，利用培育果树、养蜂等社会职业开展活动，团结进步人士，宣传马克思主义思想与党的方针，逐步团结了一批进步青年。

1929 年，康明惠与川西特委取得联系，并组建了温江历史上第一个党支部。当时革命形势十分复杂，经费困难，他不惜变卖自家七十多亩田产用以支持革命，亲友闻讯纷纷指责他为“败家子”。1930 年，康明惠经老同学保荐出任温江保卫团第三区团长，这一身份成为他开展革命活动的良好掩护。

康明惠为温江第一个中共党员

资料来源：温江区档案馆

他因工作需要常奔走于成都、温江两地，引起了反动当局注意，他的党员身份也随即暴露。1931 年，面对反动当局大肆搜捕，省委决定派他前往江西苏区工作。当年 11 月暂住上海期间，康明惠向党中央做了《关于四川政治经济状况的报告》，分析四川经济政治形势，并提出发展建议。不久，他离开上海前往江西，在途中失踪。1988 年，康明惠被温江县人民政府追认为革命烈士。

历史不会忘记，星火还在传递。王右木、郑佑之、康明惠等播下的革命火种，点燃了黑夜中的火炬，照亮了革命前进的方向。如今，黑暗退却，他们留下的精神遗产，永远铭刻在每一个川农人的心中。

［本单元其他图片均由四川农业大学档案馆（校史办公室）提供］

第二单元

救亡：抗日救亡，以农报国

1943 年抗战期间，英国科技史专家李约瑟考察中国高等教育后，把农学称为四川大学的“最强的学科”。当时的川大农学院正是学校 1935 年并入川大后的身份。“莫谓书生空议论”，创造这“最强学科”的师生们治学的同时未忘救国，在那场轰轰烈烈的全民族抗战中，他们将个人生命融入历史大潮，谱写出一曲曲赞歌。

学校师生：不畏战火　抗日救亡

1937年7月7日，日本侵略军悍然发动卢沟桥事变，当地中国驻军奋起抵抗，全面抗战由此爆发。随着抗战全面展开，大批军政人员、学生及难民涌入四川，与此同时省内大量劳动力被送上前线，再加上天灾频繁，都给四川农业生产造成了巨大影响。一方面是省内粮食的巨大消耗，另一方面必须为抗战物资尤其是粮食提供保障，这些都使发展四川农业生产成为燃眉之急。

1937年11月国民政府迁都重庆，日寇接连轰炸重庆、成都。在1941年7月27日的成都大轰炸中，川大办公区、教学区、宿舍区及图书馆等，共127间房屋变为废墟。战火纷飞中，四川大学农学院没有随大部分师生迁到峨眉山，长期坚持在九眼桥和望江楼一带办学，为战时四川农业科技和生产发展培养了大量人才。

战时，四川大学农学院致力于"为地方造就人才"。据统计，全院学生总人数1945年比1936年增长了10倍，73%的毕业生直接服务于农业，成为地方政府开展农业工作的重要力量。同时，学院以多种方式为地方培养农业人才，如应四川省建设厅要求训练"各县农林技士"；受省教育厅委托代办省立高级农科职业学校；开设农民补习学校、合作社；举办乳牛养殖、柑橘栽培、水稻螟虫防治等讲习会，宣传乡村卫生教育等，为后方农业人才的培养和保障后方物资供给做出了贡献。

时任农学院院长曾省说："本院同仁对于后方生产的农垦事业，向甚关心，总希望在危急存亡之秋，打通一条血路。"

七七事变前，四川交通不便，常年军阀混战，农业生产水平极低。1943年，李约瑟在考察中国高等教育后认为，农学是四川大学"最强的学科"，而成都是当时中国的"农业中心"。全面抗战期间，四川以一省之力为全国贡献三分之一的粮赋，成为支撑中国抗战的大后方，这离不开当时川农人的坚持和努力。

抗战中，农学院师生彰显出时穷节现的卓越风骨，积极投入全民抗战洪流，尽己所能参与各种救亡活动。为支援抗战，农学院师生踊跃捐款捐物。为推动抗日救亡运动，四川大学成立了以进步学生为主体的全校性群众抗日救亡组织"国立四川大学学生抗敌后援会"，号召大家捐资抗战。杨开渠、杨允奎两位教授毫不犹豫捐出工资。1938年，杨开渠教授又捐出了兼职兼课的全部收入。

1937年秋，农学院学子动手缝制棉衣。仅用6天，他们和其他同学一起，缝制棉衣1075件赠送出川抗战的川军，同时收集旧衣数百件赠送战区难民。另外，他们还赠送毛巾1200条和锦旗16面，上面写着"为民族解放而抗战""保卫中华，争取我们的生存"等口号。

同学们组建和参加抗日救亡组织，开展抗日救亡宣传。七七事变后，农学院学生成为川大学生抗敌后援会骨干。他们上街演说、散发传单，为抗日将士募捐，前往省内多地农村播撒抗日救亡火种。

1938 年，成都学生抗敌宣传团成立，共分四个团，川大农学院和理学院学生为第二团（简称“抗宣二团”），农学院学生喻季姜先后担任该团的副团长、团长。他们利用少量经费和捐款，制作旗帜，在星期日走上街头进行讲演，教群众唱革命救亡歌曲，出演街头剧。1938 年底，农学院又成立党支部积极参与和组织抗日救亡活动。

1939 年，抗宣一团、二团发起义卖募捐活动，在成都举行大规模声讨汪精卫叛国的火炬游行示威，引起了较大反响，推动了抗日救亡运动的发展。这年暑假，农学院学子以抗宣二团为组织开展农村服务，并动员了大批进步学生参与，使抗日救亡宣传取得了很好的成绩。在青神县服务期间，适逢七七事变两周年纪念日，他们举行坚持抗战反对投降的火炬游行，盛况空前。

此外，农学院学子还积极参加进步社团活动。如 1944 年秋季创办的时事研导社，以剪贴报纸中揭露时弊的评论及盟军反攻日本的图片为活动内容。农艺系学生、英烈校友张大成就是其中骨干成员。

农业专家：时穷节现 科学救国

杨开渠：存亡关头，攻坚克难

“兵马未动，粮草先行”。前线将士奋勇杀敌，身在大后方的农业科学家始终心系国家存亡，为保障粮食供应，支持抗战迈向最终胜利做出了重要贡献。

战争迫使大量人口内迁，同时大量劳动力被送上前线，造成了巨大的粮食需求与耕地、劳动力相对不足的矛盾，这只有靠发展农业科技来缓解。面对国家危亡，川农人义不容辞担起重任，攻坚克难，为四川地区有力地支撑战时经济付出了极大努力，做出了不可磨灭的贡献。

杨开渠（1902—1962），**农业教育家、水稻科学家。**1930 **年毕业于日本东京帝国大学，从** 1936 **年起一直在川大农学院任教。四川农学院**（1956—1985 **年，学校前身）搬迁雅安独立建院后的首任院长。**2021 **年入选“四川百年百杰科学家”**

杨开渠是我国著名的水稻专家，也是“川农大精神”的主要奠基人之一。他曾留学日本，九一八事变后愤然辞谢老师的挽留回到祖国。回国后，他一直重点研究双季稻。

1936 年秋，他应聘到国立四川大学农学院。来到四川，见上万亩冬水田未被利用，杨开渠便将开发冬水田提高稻谷产量作为首要课题。全面抗战爆发前夕，心头激荡的家国情怀让他写下长达两万多字的文章——《民族复兴最后的根据地：四川省目前的稻作增收计划书》，提出了改革四川稻田耕作制度，试验种植双季稻和旱稻以提升粮食产量的一系列建议和详细计划。该文引起广泛关注，当时主持四川稻麦试验场的杨允奎教授读后，深为其卓见所折服。1937 年，杨允奎在泸州开设了四川稻麦试验场分场，开展双季稻实验，邀请杨开渠合作，拉开了四川种植双季稻的规模化试验序幕。在他们带领下，四川双季稻研究硕果累累并获得了大面积推广。

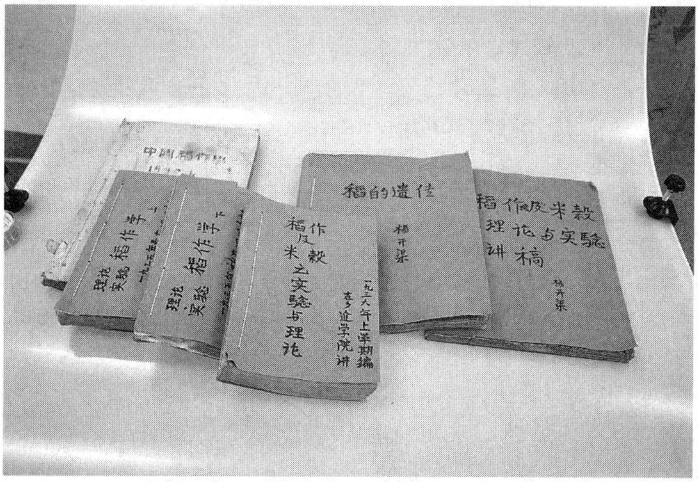

杨开渠水稻著作手稿

1937 年底，大片国土沦陷，中华民族到了生死存亡关头。迫于严峻形势，杨开渠不得不寻求成本更低、劳动力使用更少、增产更快的方法。于是他把研究重点转移向再生稻。再生稻是利用收割后，稻茬上腋芽萌发成苗，再收获一次的稻谷。我国农民利用再生稻虽有上千年历史，但多任其自生，产量很低。杨开渠分析，再生稻在头季稻收割后 60～70 天便可每亩再收获几十公斤粮食，省时省工。为争取在“最短期内”获得粮食增产，杨开渠开始对再生稻进行系统研究。

杨开渠工作照

国难当头，局势动荡，搞科研困难重重。杨开渠把全部心血倾注在再生稻研究上。1938 年，他进行的再生稻研究获得了显著成绩，每亩能预计增收 150 斤水稻。1938 年 1 月 30 日，国民党机关报《中央日报》等各大报登出《再生稻初步成功》的消息。这一天，杨开渠没有太多喜悦和满足，反而提醒自己：“惟有用鞠躬尽瘁死而后已的精神去克服一切困难，以整个的生命贡献给国家才有意义！”

为搞好推广工作，杨开渠编写了浅显易懂供农民使用的《再生稻浅说》，鼓励青年学子广泛参与宣传推广。农学院学子分赴各县推广，有效提高了粮食产量。对此，他在日记中欣喜地记录：“对于再生稻的宣传……农艺系学生恐全部要出发，至少要到二十个县……如果有二百万亩的推广，那至少有二百万担的增收了！”二百万担约合 1000 万公斤粮食，对于抗战，这无疑是解燃眉之急的有力支持。

1941 年，杨开渠又育成新品种“川大洋尖”，因“正合政府长期抗战，增加粮食产量的需要”，国民政府农林部专门补助他研究经费 1.2 万元。此后，他又选育了“川大白节子”“川大白脚粘”等良种，推广后均增产明显，广受好评。

杨开渠研究再生稻的报告、论文

杨开渠资助学生举办菊花展

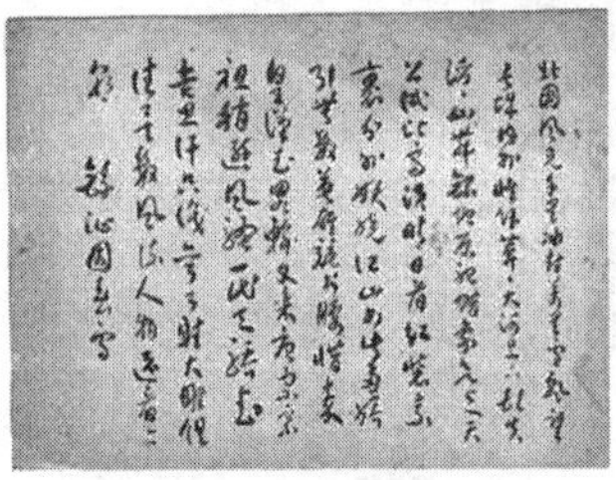

杨开渠书法

杨开渠部分翻译作品书影

杨允奎：科学救国，紧急攻关

杨允奎（1902—1970），农业教育家、作物遗传育种学家。我国作物数量遗传育种的拓荒者，利用细胞质雄性不育系配置玉米杂交种的开拓者，四川杂交小麦奠基人之一。1933 年杨允奎获美国俄亥俄州立大学农学博士学位，1935—1970 年曾三次在川大农学院和四川农学院（1956—1985 年，学校前身）工作，历任农艺系教授、系主任，尤其从 1962 年开始，他“一肩三挑”，同时任四川农学院院长、四川省农业厅厅长和四川省农业科学院院长，统筹全省农业的行政管理、教学科研和技术推广等工作。2021 年入选“四川百年百杰科学家”

抗战时期，杨允奎为四川农作物增产做出了重要的贡献。他担任川大农学院农艺系主任，主讲遗传学、作物育种学等主干课程，同时开展玉米、小麦、豌豆的遗传育种研究。1937 年，应四川省建设厅邀请，他创办四川稻麦试验场，翌年试验场改组为四川省农业改进所。

全面抗战爆发后，杨允奎发表《讨论抗战开始四川粮食之筹划》一文，对如何提高四川粮食产量以应对时艰进行了探讨，从生产、消费等多个方面较全面地进行了管理设计，以期能适应抗战期间的粮食流通需要。

杨允奎在实验地里观察小麦生长情况

杨允奎（2 排左 7）、杨开渠（2 排左 5）及其他师生合影

创办四川稻麦试验场后，杨允奎着手进行大规模四川粮食作物地方品种资源普查工作，与工作人员一起跋山涉水，历经数月考察了多达 52 个县的农村，获得了一手资料和数据，并由此确定了适应四川玉米生产的种植方式和育种方向。他利用自己与美国农业部蒙里森教授以及同窗好友、美国副总统华莱士的关系，获得美国优良玉米种质资源，将其与四川本地玉米杂交，取得了巨大成功。至 1945 年，他和同事先后培养出 50 多个优良组合品种，增产幅度达 10％～25％，为抗战提供了有力的粮食支持。

杨允奎主持“特用小麦之育种研究”，先后选育“川大 64”“川大 101”“川大 102”等优良品种，有力缓解了四川省小麦倒伏、条锈病等病状，大大增加了小麦产量。

在杨允奎推动下，四川农业改进所与川大农学院协作开展科研攻关，使四川在全面抗战时期的水稻、玉米、小麦等农产品产量得到很大提升。

众志成城　支持抗战

抗战中，川大农学院在果蔬，经济作物棉花、甘蔗、烟草、油料等，植物病虫害防治，蚕桑，农业经济等领域取得的成绩也可圈可点。张松荫教授提出把羊分为牧区草地型和农区山谷型两类，大大提升了羊的养殖效率。曾省教授和何均助教的害虫防治研究有效遏制了虫害并提高了四川柑橘产量。张文湘教授对橙子优良品种的研究，毛宗良教授对甘蔗生长的研究，都提高了四川经济农产品产量。

张松荫（1900—1992），
畜牧学家、农业教育家

◉1935—1937 年，张松荫在日本北海道进修羊毛专业，1940—1945 年任国立四川大学农学院（1935—1950 年，学校前身办学机构）教授。他对我国中卫羔羊品种的发掘和“群选法”的运用，细毛羊新品种培育、地方良种选育，以及在绵羊、山羊行为学方面的研究等都做出了重要贡献。抗战时期，他提出的分类方法帮助养羊户因地制宜，大大提升了羊的养殖效率。

◉1927 年，毛宗良毕业于南京东南大学农学院园艺系，1928 年赴法国巴黎大学求学，1933 年获博士学位。1935—1936 年在国立四川大学农学院园艺系任教授，同时兼任内江甘蔗试验场场长。在此期间，甘蔗良种首次在四川引种成功，促使内江成为我国食糖重要生产基地。

毛宗良（1897—1970），
园艺学家、园艺教育家

曾省（1899—1968），
又名曾省之，农业昆虫学家

◉1931 年，曾省获法国里昂大学理学博士，主攻昆虫学、寄生虫学和真菌学。

1935—1946 年任国立四川大学农学院教授、院长。他在害虫的生物学防治的研究上取得了开创性成果。抗战中，他和何均助教发现四川柑橘受虫害严重，便开始进行害虫防治研究，有效遏制了虫害并提高了四川柑橘产量。

全面抗战时期，四川输出粮食 7100 万石，居全国各省之首。1945 年 10 月 8 日，《新华日报》发表社论《感谢四川人民》，指出“历年来四川贡献于抗战的粮食占全国征粮总额的三分之一”。毋庸置疑，正是以杨允奎、杨开渠等为代表的川大农学院等机构的农业科研人员在民族危亡之际，殚精竭虑换来粮食增产，才确保了中华民族有底气与敌周旋直至最后胜利。

中華民國三十四年十月八日 新華日報 星期一 第二版

社論

感謝四川人民

重慶《新華日報》社論 1945年10月8日

在八年抗戰之中，這個歷史上最大規模的民族戰爭之大後方的主要基地，就是四川。自武漢失守以後，四川成了正面戰場的政治軍事財政經濟的中心，隨著正面戰線內移的軍民同胞，大半居於斯，食於斯，吃苦於斯，發財亦於斯。現在抗戰結束了，我們想到四川人民，真不能不由衷地表示感激。

四川人民對於正面戰場，是盡了最大最重要的責任的，直到抗戰終止，四川的徵兵額達到三百零二萬五千多人，四川為完成特種工程，服工役的人民總數在三百萬人以上，糧食是抗戰中主要的物資條件之一，而四川供給的糧食，征糧購糧借糧總額在八千萬石以上，歷年來四川貢獻於抗戰的糧食占全國征糧總額的三分之一，而後征借亦自四川始。此外各種捐稅捐獻，其最大的一部分也是由四川人民所負擔。僅從這些簡略統計，就可以知道四川人民對於正面戰場送出了多少血肉，多少血汗，多少血淚！雖然四川人民的熱血灑遍了整個正面戰場，滇西緬北之役，更把四川男兒的大量頭顱拋擲到國境之外，然而出征軍人的父母妻子，卻仍在家鄉為抗戰忍受了一切的痛苦，這幾年來由於官貪吏惡，特務橫行，役政，政府的腐敗，物價的狂漲，黃金的戲法，更使得四川人民處於水深火熱之中，但是四川人民吞下一切的痛苦，像一頭牛，被人們擠著多多的奶，被人們喂著少少的草，沒有一句說的！[illegible]這一點，那些擠著吃它的奶，擠著扣它的草的人們，難道不應該愧死麼？

現在抗戰結束了，全國規模的復員雖還在開始，但是我們對這個為正面戰場出了最多力量的四川人民，決不能忘恩負義，無所報答，一切稍有良心的人們，都應在經濟上努力使四川人民有一個休養生息，安居樂業的機會，廢除苛雜，豁免糧款，發還侵佔人民的財產糧食，撤銷一切統制專賣的機構；在政治上努力使四川人民能夠解除身上的一切束縛，實現四川的地方自治，結束一黨專政與特務活動，解散四川的一切集中營，建設一個新的民主的四川。

寫到這裡，我們忽然打了一個寒噤：這一切在今天豈不有點癡人說夢的嫌疑麼？真的，這些年的四川，無論如何總算還有兩個民主運動的中心——重慶與成都，這兩個地方總算還有人能夠替人民講幾句話。「復員」以後，希望由這個基礎向前發展。

我們站在老百姓的立場上，只希望無論什麼地方，總要越變越民主，而不要越變越不民主。對於向來在中央政府直接統治下的四川，我們當然抱著同樣的希望。我們說了一大篇四川人民的豐功偉績，末了只提出這樣一個希望，這總該是四川人民最低限度的低調，不該再感到失望了吧？

《新华日报》发表社论《感谢四川人民》

抗战老兵：慨然从军　保家卫国

除了保障后方粮食供应的农业科技专家、参与抗日救亡运动的广大师生，还有的川农人义无反顾走上对敌战场，以血肉之躯保家卫国。

“工农兵学商，一起来救亡，拿起我们的刀枪！……”尽管已过去数十年，学校原党委书记王绍虞仍能哼唱出当年游击队教唱的抗战歌曲。七七事变不久，晋中地区沦陷在日军铁蹄下，这里正是王绍虞的家乡。王绍虞家中亲人有地下党员，年仅十四五岁的王绍虞便在其带动下参与抗日活动，为八路军传递消息。能“为打日本人出力”让他很自豪。1945 年，日本投降前夕王绍虞来到解放区。1980 年以来历任学校党委副书记、书记，直至退休。

王绍虞

宋捷德

宋捷德曾任学校教务处副处长、图书馆副馆长、总务处处长等职。1938 年，18 岁的他毅然参军，加入第二战区薄一波等领导和指挥的随营学校政治保卫队，在山西洪洞一带开展游击战，破坏铁路，抗击日寇。1939 年 7 月，他被派到沁源干校学习，结业后分配到敌占区教书。他明里教书，暗中宣传抗日。1942 年，因为持有抗日课本，他被日本宪兵队抓走。敌人对他严刑拷打，但他咬紧牙关不吐露一个字，后被地下党营救出狱。此后，他被调至游击区教书，在他的影响下，他的学生走上了抗日道路。

学校保卫处原副处长李玉贤 1926 年出生在山西一户农民家庭。七七事变不久，他的家乡沦陷。1942 年，经地下党人介绍，15 岁的李玉贤毅然同 20 多名爱国青年一起冲过敌人封锁线，直奔中条山抗日根据地，加入保家卫国的战斗。他被编入太岳军区三分区康俊仁支队第七大队。在这里，他参与了长达 4 年的战斗，击毙、俘虏了日伪军和汉奸特务多人，还缴获了武器弹药。上百次大小战斗的锤炼，让李玉贤从一个不懂事的农家毛孩子成长为一名革命战士。

李玉贤

陈义亭

1939 年 18 岁的陈义亭成为山西襄垣县一名子弟兵。抗战中，他负过伤、立过功。经过 5 年多抗战经验的积累，1944 年陈义亭在决九团特务连当了一名侦察员。1950 年他转业到茂县，1978 年调入四川省林业学校（2001 年并入四川农业大学）任党委书记。自 1943 年入党，陈义亭从未漏缴过一次党费。2013 年“4・20”芦山地震时，他一次性交纳特殊党费 2000 元。他说交党费是共产党员的义务，他十分珍惜共产党员这个光荣称号。直到九十多岁，他仍坚持学习党史、看新闻，关注党的重要会议。他的子女们从小接受父亲教育，父亲一生节俭，党性坚强，坚持学习，都对他们有着深刻影响。

原四川省林业学校校长施勇的家乡在江苏启东农村，1938 年日寇入侵，打破了这里的宁静。1944 年，年仅 16 岁只读过几年小学的施勇半工半读在苏北公学工作、学习，参与一些抗战工作，后被分配到华中印钞厂工作。从此，施勇一直跟随革命队伍多方辗转。他当过联络员，当过财经接管处代表，在大后方默默坚守岗位，为革命事业贡献绵薄之力。

施　勇

贾厚仲

贾厚仲是四川农业大学退休老教师，而 70 多年前的他是抗日远征军中的一员。1944 年，他正在金陵大学读一年级。听说中国远征军失利的消息，他给父母留下一封信后毅然参军。1945 年，他随军辗转抵达缅北，成为中国驻印军新 22 师的士兵。新 22 师是新六军前身，正是这支部队在缅甸反攻战中给了日军王牌 18 师毁灭性打击，歼敌两万，还缴获了敌人发布作战命令的关防大印，这在抗战期间绝无仅有。蒋介石的嘉奖电只有 3 个字：中国虎！1945 年 9 月 9 日，贾厚仲所在的连队受命在中国接受日军投降仪式上鸣放礼炮，而他负责打响 21 响礼炮中的第一炮，见证了重要历史时刻。

原四川省林业学校后勤服务干部马桂香没正式上过学，但在国难当头时坚定地保家卫国。青年时期的她，在山东地下党领导下，积极为党传递信息；跟着学生们上街游行，号召各阶层群众团结抗日；冒着生命危险侦察敌情，趁夜色在敌军行进的路上埋下地雷，发动农民反抗抢粮。1945 年，她正式成为八路军的一员。

马桂香

著名小麦专家颜济 1924 年生于成都一个书香门第。父亲颜楷在四川“保路运动”中被推为领袖之一，是辛亥革命的主要人物之一。颜济继承了父亲刚直不阿的性格和天下兴亡匹夫有责的责任感。1944 年，日军攻陷贵州独山，“大后方危险”的消息传来。此时，国民党空军军官学校到成都招收飞行员。在母亲支持下，还在华西协合大学牙科二年级学习的颜济毅然报考，成为空军军官学校飞行班第 24 期学员。在昆明接受飞行训练约一年，直至抗战胜利，颜济才重返华西协合大学，改学农学，后随全国院系调整进入四川农学院工作。忆及当年，颜老说：“日本人打来就觉得应该反抗，去参军不过是一件自然而然的事。”

颜　济

四川农业大学离退休老教师中还有王义全、何日明等都曾是抗击日寇的八路军战士，其中王义全曾任连长的八路军 129 师更是功勋卓著，歼灭日伪军达 42 万余人，解放县城 109 座。

当硝烟远去，我们分享过去这些惊心动魄的故事时，除了向那些把个人命运与祖国命运紧密相连的川农人致敬外，也让今天的我们铭记历史，感恩向前。

［本单元图片由四川农业大学档案馆（校史办公室）、离退休管理处提供］

第三单元

忠诚：在春天里长眠

在时局动荡的年代，川农师生为了中华民族抛头颅洒热血，谱写了一曲气吞山河的英雄赞歌。他们听党指挥跟党走，积极参与爱国民主运动，不少人牺牲在了新中国成立的前夜。新中国成立后，川农人欢欣鼓舞投入建设。同时在解放西南、迎接彻底解放的斗争中，在四川民族地区民主改革过程中，也有川农人付出了自己年轻的生命。黎明前的黑暗时刻，他们燃烧自己的生命，只为把光明的希望带给更多人。

治学不忘救国

1935年7月30日，四川省立农学院收到四川省教育厅通知，并入国立四川大学，从此开始了与川大的20年“情缘”。在此期间，国立四川大学农学院名师荟萃、英杰辈出，在人才培养、科学研究、社会服务等方面都取得了卓著的成绩。英国生物化学家、科学技术史专家李约瑟1943年考察了中国高等教育后，在报告中把农学称为川大“最强的学科”。

抗日战争胜利后，国民党发动内战。解放战争时期，师生们在一些焦点事件中发挥着积极的作用，比如“李实育事件”“三教授事件”“四九运动”，推动了成都地区爱国民主运动的发展。

1945年12月11日，国立四川大学农学院森林系二年级学生、民盟盟员李实育和几个同学在学生宿舍张贴声援昆明学生和抗议“一二·一”惨案的标语，被国民党三青团反动分子发现，并围攻殴打和栽赃诬陷，还被关押审讯。反动当局大肆制造舆论，妄图通过陷害李实育打击学生民主运动。为了营救李实育，争取民主运动的胜利，森林系李相符教授与陶大镛、文幼章等五位中外籍教授发表公开声明，揭露国民党反动派陷害李实育的阴谋。民主同盟主席张澜一再与国民党当局交涉，要求释放李实育。1946年2月14日，四川省高等法院被迫宣告李实育无罪释放。史称“李实育事件”。

1946年3月12日，反动分子在学校图书馆大楼前的墙壁上，贴出一张题为《新民主》的特大壁报，无中生有地造谣诬陷张澜主席侵吞川汉铁路股款，诬蔑李相符、彭迪先、陶大镛三名教授接受苏联津贴，主张东北自治，出卖祖国等，阴谋把三位教授轰出学校。对此，三位教授提出了“尊师重道”的口号，很快掀起了尊师运动。全校各社团、各院系纷纷出启事、发声明，大多数院系主任和六七十位教授签名，表示要站在三位教授这一边，不少同学纷纷自发到教授家里慰问。当时很有影响的成都市各大学教授联谊会也公开发表宣言，声援三教授，谴责反动派。最终，四个特务学生分别被记两大过、两小过和停学一年的处分，相关人员或被撤销职务或被解聘。在“三教授事件”中，三位教授取得胜利。

解放战争全面爆发后，国内货币贬值，米价一日数涨，饥民遍地、民怨沸腾。1948年4月9日，国立四川大学等学校发起一场“争取平价米”的请愿行动。当请愿学生先头到达省府门前时，四川省主席王陵基立即下令抓人，被捕学生132人，200多名学生受伤。13日，川大教授会、讲（师）助（教）会和广大学生举行了声势浩大的罢教罢课运动。在这种形势下，王陵基不得不两次放人，但仍然扣留了所谓“奸匪分子”15人，其中有农学院吕启光、李明樑2人，直到4月16日被捕学生全部释放。“四九运动”是解放战争时期成都地区规模最大的一次有全国影响的学生革命运动。

在新中国成立前夕，在党组织安排下，数以百计的川大学生深入省内70多个县市，发动群众，开展武装斗争，进行上层统战和策反工作，牵制敌人有生力量，为大西南的解放、民族地区民主改革做出了贡献。在这场冲破黑暗、迎接黎明的战斗中，师生们进行了艰苦卓绝的斗争。农学院学生江竹筠等英烈付出了青春，乃至年轻的生命。他们值得我们永远铭记。

英烈为春天长眠

江竹筠：热血铸忠魂

江竹筠（1920—1949），四川省自贡市人，小说《红岩》中江姐的原型。1939 年，江竹筠加入中国共产党。1944 年到成都，改名为江志炜，考入国立四川大学农学院（1935—1950 年，学校前身）植物病虫害系，1945 年转入农艺系

江竹筠进入学校学习正是波澜壮阔的学生运动兴起之时，遵照党组织要求，她以隐蔽为主，作为一般成员参加了“女声社”和“文笔学会”两个进步社团，进而成为党的外围组织“民协”的成员。

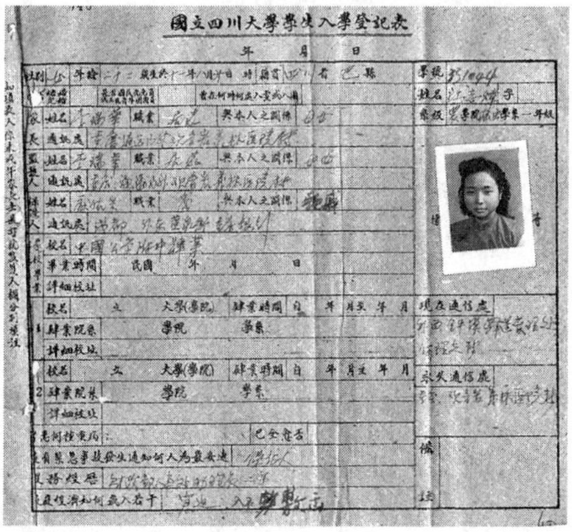
国立四川大學學生入學登記表

江竹筠入学登记表

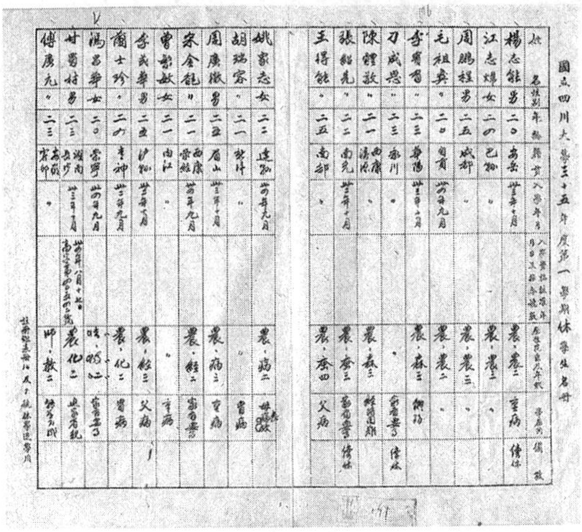

1946 年江竹筠的休学登记名册

1946 年，经党组织决定，江竹筠离开学校，协助丈夫彭咏梧具体负责组织领导重庆地下党工作。1947 年秋，江竹筠和彭咏梧前往下川东组织武装暴动，彭咏梧壮烈牺牲。江竹筠强忍悲痛，继续在下川东战斗，主要负责组织联络工作，掌握着许多党员信息。

1948 年 6 月，由于叛徒出卖，江竹筠在万县被捕。见她是女同志，敌人本打算在她这里打开缺口，没想到却遇上了最硬的骨头。在狱中她受尽了各种酷刑……甚至竹签钉进十指。面对严刑拷打，她坚贞不屈：“你们可以打断我的手，杀我的头，要组织（名单）是没有的。”她的不屈保护了下川东地区的党组织和大批地下党员的生命。

1949 年 11 月 14 日，重庆解放前夕，江竹筠牺牲在歌乐山电台下的刑场，年仅 29 岁。

江竹筠给谭竹安的信中写道：“假如不幸的话，云儿就送你了，盼教以踏着父母之足迹，以建设新中国为志，为共产主义革命事业奋斗到底。孩子们决不要娇养，粗服淡饭足矣。”

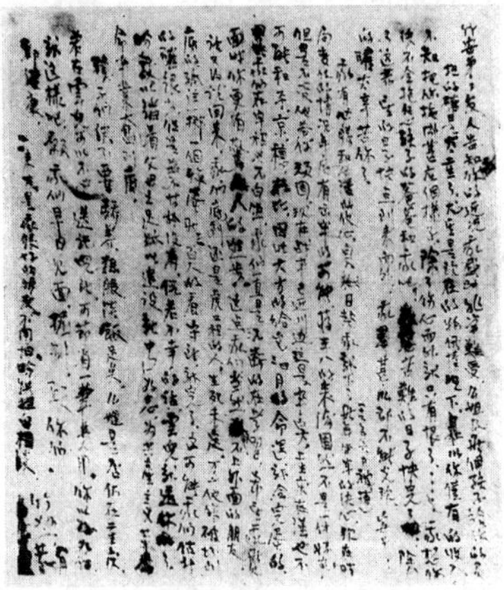

江竹筠给谭竹安的信

今天，滔滔嘉陵江似乎仍在吟唱难友们为江竹筠所作的诗歌：

“你是丹娘的化身，你是苏菲亚的精灵。不，你就是你，你是中华儿女革命的典型！”

黄宁康：一生四次被捕的不屈斗士

黄宁康（1905—1949），**四川省岳池县人**

黄宁康 1927 年考入公立四川大学农学院后，加入了党领导的进步学生社团“协进社”，成为其中骨干。黄宁康一生被捕四次而不改革命初衷，用忠诚写下自己的誓言。

黄宁康第一次被捕是 1930 年春，在成都学生的集体抗议下，最终获救。党组织注意到了黄宁康出色的组织才能和勇于斗争的精神，将其吸收为共产党员。

1932 年，黄宁康被组织派往南充地区，参与发动了轰动全川的“升钟暴动”。因叛徒出卖再次被捕，严刑拷打下，他仍坚守党的秘密。因找不到证据，敌人只好把他释放。

出狱后，组织改派他到岳池发展当地党组织。他改组了岳池县党团组织并担任中共岳池县特支书记。这时，他又一次遭叛徒出卖。被捕后，黄宁康抓住叛徒弱点极力周旋，从而逃脱虎口。

出狱后黄宁康没找到党组织，被迫远走涪陵、垫江等地以社会职业做掩护。十余年后，1947 年 5 月，锲而不舍的他终于联系上岳池党的工作负责人蔡依渠，重回党的怀抱，投身革命事业。他卖掉私产为华蓥山武装起义筹集资金。

1948 年 8 月他再次不幸被捕。在狱中，被折磨得遍体鳞伤，但他毫不屈服。敌人抓来他的妻子，黄宁康强忍悲痛劝慰妻子：“不要为我难过，既然又落到他们的手里，不过一死而已。”1948 年 10 月，黄宁康被转押至重庆渣滓洞监狱，后在 1949 年 11 月 27 日的大屠杀中遇难，他用 44 年的生命和热血谱写了一曲壮烈的奋斗之歌。

胡其恩：一颗红心向着党

胡其恩（1919—1949），**四川省成都市人**

胡其恩1939年考入国立四川大学农学院农经系，在校期间受到革命的熏陶。他积极投入到“反饥饿、反迫害、争民主、争自由”的群众运动中。1946年初，胡其恩加入进步团体“成都职业联谊会”，带头捐款给陶行知先生办的育才学校。

1946年冬，他先后被调往南充、重庆工作。1948年“四九运动”爆发，他写信慰问母校被迫害的同学，被特务发现后被捕。在渣滓洞监狱中的胡其恩是一个革命乐观主义者，他担任秘密联络员，为共产党员余祖胜与难友们传递消息。在收到“百万雄师过大江”喜讯时，他用“万炮齐轰”来形容伟大的胜利时刻，带给大家巨大震撼和鼓舞。1949年11月27日，胡其恩在大屠杀中遇难，倒在了黎明前的黑暗中。

何懋金：把青春献给党

何懋金（1917—1949），**重庆市万州区人**

何懋金 1944 年考入内迁成都的金陵大学农经系，在老党员带领下成为党的外围组织“中国民主青年协会”（简称“民协”）首批成员和积极分子之一。日本投降后，他转入国立四川大学农学院农经系就读。在此期间，他发起成立“离离草社”，并成为一名光荣的共产党员。

1947 年，他在校内发起成立“黎明歌唱团”和“秧歌队”并担任负责人。他们在成都市区新闻大厦举办了一场反响热烈、远超预期的募捐义演，并因此被反动当局严重警告。1948 年 4 月，“四九运动”爆发时，何懋金是这次示威游行的主要组织者之一。他还日夜奔走，掩护反动当局黑名单上的同学撤退。同年 7 月，他受川康特委副书记马识途派遣，回家乡以工作队形式到农村开展武装斗争。他组建“川东工作队”和党支部，开展了卓有成效的农民运动。1949 年 3 月，因叛徒出卖，何懋金在万县河口被捕。同年 11 月 27 日，他在重庆渣滓洞遇难，牺牲时年仅 32 岁。他一生虽短，祖国和人民却永不会忘记他为新中国奉献的热血青春。

张大成：坚如磐石的共产党员

张大成（1920—1949），**四川省成都市人**

张大成1944年考入国立四川大学农学院植物病虫害系，翌年转入农艺系。在校期间，他被同学们选为校内重要进步社团“时事研究社”社长。

1946年他经同学介绍参加了中国民主同盟。1947年，张大成的二哥在国民党“六二”大逮捕中不幸被捕。他得知后，把二哥曾领导过的郫县民盟小组和读书会重新加以组织和发展，一边兼顾郫县民盟工作，一边在学校参加斗争。

1948年秋，张大成毕业回郫县简明女中教书，并开展革命地下活动。1949年5月，他光荣地加入中国共产党。此后，张大成根据组织指示，到灌县（今都江堰）中学任教，在该校设立联络点。他团结进步教师，合办英语刊物宣传革命理论，在极其困难的条件下，还油印了两期小报，传播解放战争的胜利消息。

1949年10月12日，因联络点暴露，张大成撤退不及，被国民党灌县特委会逮捕。面对特务们的严刑拷打，张大成始终不屈服。特务们又假惺惺告诉张大成，只要写份“悔过书”就可以出狱，张大成却丝毫不为所动。1949年12月7日深夜，成都即将解放的前夕，张大成和其他革命同志一起就义于成都外西十二桥畔。

张大成的坚贞不屈，保护了岷江一带的党组织及其领导的岷江支队，使之未受任何破坏，成为配合川西地区解放的一支重要力量。

杨家寿：用热血捍卫新生的人民政权

杨家寿（1923—1950），**重庆市南川区人**

1945年秋，22岁的杨家寿考入国立四川大学农学院农艺系畜牧组。杨家寿入校后，积极参加进步学术团体，并成为党的外围组织“中国民主青年协会”成员。1949年春，为迎接解放，杨家寿毅然放弃即将举行的毕业考试，服从党组织的决定离校下乡。他被安排在邛崃县西北临济乡工作，以教师、雇工等身份为掩护，宣传革命思想，扎扎实实地做群众工作，很快打开了当地农运工作局面。

邛崃临济地区是川康边人民游击纵队活动的主要地带。党组织在此地建立中心工作组，杨家寿是中心组的领导者之一。后来，他又担任了游击纵队下属的“名邛大队”副指导员，先后参与了与保安团、地方恶霸、国民党残部等势力的激战。

1950年川西各县相继解放，杨家寿被任命为邛崃平落区副区长，开展征粮剿匪、建立新政权的工作。虽生活极其艰苦，他仍扶着手杖坚持东奔西走干革命。1950年1月22日，当地土匪发动暴乱。杨家寿等率领的队伍被好几股土匪包围，当天不幸在老乡家中被土匪发现并杀害，时年26岁。

杨家寿牺牲的消息传到农艺系同学中，大家同声哀悼。每年老同学集会都要回忆他。同学们在他当年的照片后题词：“他创造了人民的春天/他却在春天里长眠”。

曾廷钦：人民的好女儿

曾廷钦（1923—1950），**四川省井研县人**

曾廷钦 1945 年考入国立四川大学农学院蚕桑系。在校期间，她积极参加“助学运动”等进步活动。她勤恳踏实地在师生中进行革命宣传教育，并被吸收为中共党员。

1949 年夏，川大党组织派已毕业的曾廷钦以高笋乡小学教员身份为掩护，到沐川马边河据点工作。根据组织安排，曾廷钦到沐川县城向县委报到。考虑到她身体瘦弱，县委领导打算留她在县城机关工作，但她坚决要求到基层去。就这样，她被分配到四区征粮工作队，到高笋乡做群众工作。

1950 年 2 月中旬的一天，工作队在高笋乡小学召开征粮工作大会。恶霸们暗地里把高笋乡小学和各个场口包围，并且突然上前把工作队同志捆绑起来，拖到外面早已挖好的土坑前。工作队的同志毫不畏惧，怒斥匪徒。恼羞成怒的匪首下令先把两个外地同志杀害，接着又对曾廷钦等威逼利诱，妄图使其屈服。没想到，瘦弱的曾廷钦面对屠刀英勇无畏，还冷静地大声安抚在场群众：“共产党领导人民解放了全中国，人民的江山稳如泰山。”同时正告匪徒：“只有向人民缴械投降才是出路，血债要用血来偿还。”黔驴技穷的匪徒终下毒手，将曾廷钦残忍杀害并推下深坑。

壮烈牺牲的曾廷钦，年仅 27 岁。今天，沐川烈士陵园有她大义凛然的塑像，在她的家乡井研，人们总会怀着崇敬的心情去纪念她。

李树成：民主改革的先锋

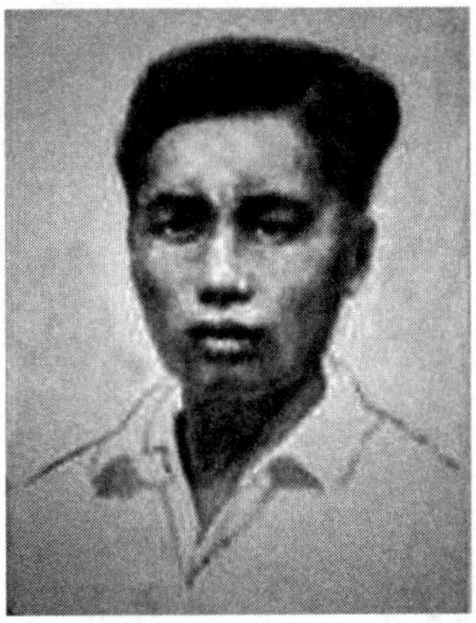

李树成（1924—1956），**四川省仁寿县人**

资料来源：李树成烈士没有留下一张清晰的照片，该图为四川农业大学视觉传达系 2018 级曾唯一同学根据《四川农业大学史稿 1906—1990》中的一张李树成模糊照片及其亲属记忆绘制

李树成 1950 年考入四川大学农学院农学专业。1954 年大学毕业的李树成被分配到西康省乾宁县（现道孚县）任农牧站副站长，之后被派到乾宁县瓦窑村进行民主改革的前期政策宣传。当时的乾宁县，有人对民主改革政策不了解，尤其是当地的一些藏族上层认为民主改革损害了他们的特权和利益，将屠刀挥向了开展民主改革的工作组同志。

1956 年 4 月 4 日凌晨，民主改革工作组的同志大多还在梦乡，他们暂住的房屋被手拿砍刀的叛匪包围，这些人破门入室后，见人就砍，还把尸体肢解扔进附近的一条江里。事后得知，除了有一位同志因早起提水躲过一劫外，其余无一幸免。等其他人赶到的时候，房屋里唯剩满地鲜血。李树成牺牲时年仅 31 岁。

赵普民：献身民主改革

和李树成同时期牺牲的还有一位赵普民烈士，也是川农人。赵普民是四川省蓬溪县人，生于 1932 年，乾宁县农业试验站干部。1954 年考入四川大学农学院兽医专业学习（调干学生），1955 年因病回乾宁县工作。1956 年 4 月，他在俄底乡民主改革中被叛匪杀害。

李树成、赵普民为了藏族人民的翻身解放献出了宝贵生命，成为广大师生学习的榜样。他们牺牲后，被人民政府追认为革命烈士。他们的名字被镌刻在道孚县八美镇烈士陵园的纪念碑上，供后人凭吊。

［本单元其他图片均由四川农业大学档案馆（校史办公室）提供］

第四单元

归来：响应祖国的召唤

彼时的新中国一穷二白、积贫积弱，但仍有无数海外专家学者积极响应党和祖国召唤，放弃海外优越生活，毅然回归故土乡里，谱写了为共和国发展建设而奉献一生的壮丽史诗。在这史诗记录下的名字里，有许许多多川农人。他们用自己对土地的眷恋、对祖国的忠诚、对事业的执着，在新中国的发展建设史上留下了浓墨重彩的一笔。

杨凤：为中华崛起而学农

杨凤（1921—2015），**动物营养与饲料科学专家，教授，博士生导师；中国动物营养学奠基人之一。**1941 **年起，杨凤先后在云南昆明西南联大、美国爱荷华州立大学攻读学士、硕士和博士学位，**1951 **年** 10 **月回国工作。**1952 **年起，先后担任四川大学农学院**（1950—1956 **年，学校前身）牧医系教研室主任，四川农学院**（1956—1985 **年，学校前身）副院长、院长，四川农业大学校长、名誉校长，动物营养研究所所长。**2021 **年入选"四川百年百杰科学家"**

1951 年，杨凤即将获得美国爱荷华州立大学动物营养学博士学位时，周恩来总理欢迎海外留学生回国参加社会主义建设的讲话传到美国，在美国的中国留学生中激起了强烈的反响。先期回国的华罗庚教授在美国《华侨日报》上发表了著名的《归去来兮》。这些，都深深打动并影响了杨凤。

杨凤向校方提出了回国的要求。导师怎么也不理解他为什么要放弃即将到手的美好前程，回到又穷又落后的中国。面对导师的苦苦相劝，杨凤丝毫不为所动。最终，他冲破层层阻挠，于 1951 年回到了新生的中华人民共和国，成为我国动物营养学的奠基人之一。

把历史的时针拨回到抗日战争胜利的那一年。彼时，24 岁的杨凤尚未从昆明西南联大毕业，便考取了公派留美的资格。杨凤在西南联大读的是化学系，报考公费留学考的是化工，想要实现工业强国的理想抱负。但临走时，有人动员说"中国很穷，很缺乏农业人才，希望有人学农业"，杨凤于是决定改学畜牧。

云南丽江，盛产好马。出生于云南丽江的纳西族小伙子杨凤，自小便对马很感兴趣。在美国爱荷华州立大学读本科时，杨凤遇上了一位对羊、马有很深造诣的教授。报考硕士研究生时，喜欢马的杨凤很想成为这位教授的学生。但教授说，你们中国的猪最多，你应该去学养猪。杨凤听从劝告，拜在了一位著名的养猪教授门下。

1954 年杨凤（后排右二）与友人合影

杨凤留学前于丽江中学留影

回国之初，当杨凤了解到农民养一头猪要花几年的时间后，不禁感触万分："中国的养猪业太落后了!"从此他将目光牢牢盯在了养猪上，这一盯就是近半个世纪。

最初，杨凤受聘于北京农学院，后应主持西南地区文化教育工作的楚图南先生之邀，到西南农学院畜牧系任系主任，没多久又转到川大农学院。1956 年，川农在雅安独立建院，他便随校来到偏僻的雅安。在以后的几十年里，他呕心沥血、含辛茹苦，为了做调查、搞研究，他到过一百多个县、乡。他常常背起被子到猪场蹲点，条件再差，也毫不在意。

正当他大展宏图的时候，反右开始了，不久又是"文化大革命"，杨凤受到了极不公正的待遇，但他从不抱怨。在下放农村期间，他喂猪、扫圈、挑粪、种地，样样杂活干得出色，也没有放弃养猪研究。当时提倡养猪主要是以青粗饲料为主、精细饲料为辅，杨凤凭着一个科学家的良知，冒着政治风险，指出养猪应讲科学，应走配合饲料的道路。他的这一说法，在当时受到严厉的批判。无奈，他只好对如何利用纤维酶提高粗饲料的营养价值进行研究。他还参照美国的做法，率先在国内提出用消化能来作为能值评定体系的观点，对我国猪的饲养研究具有重大影响。

1978 年，笼罩在中国上空的政治阴霾终于散去，科学的春天到来了！杨凤进入了他科研的黄金时期。

四川是我国养猪最多的省份，约占全国六分之一。但长期以来，由于缺乏适合四川省生产条件的饲养标准，致使养猪生产水平很低，饲料浪费很大，出栏率低，经济效益差。为了解决这一生产上和理论上的问题，杨凤于 1979 年开始，主持了四川猪的饲养标准研究，其成果获得四川省重大科技成果一等奖。这一研究在学术上突破了国际猪营养需要标准的常规模式，突出反映了国际猪营养研究的新进展，是我国科技起点水平高的猪营养需要标准之一。其中，他提出的后备种猪的营养需要标准，在国际上属首创。在研究中，杨凤善于把国外先进的科学技术与中国的实际紧密结合起来，特别注重从国内和省内的实际出发来开展研究。在四川猪饲养标准的研制中，他将生长猪按其生产性能的高低分为 6 个等级，以分别适用于高、中、低三种饲养条件。这样，条件差的边远山区也能应用科学的饲养方法，不同的猪种也可按其生产性能高低选用相应的标准。这一标准对四川养猪生产水平的大幅度提高和配合饲料工业的迅速发展起了巨大的推动作用，年均新增社会纯收入 3100 多万元。

杨凤现场指导学生开展科学研究

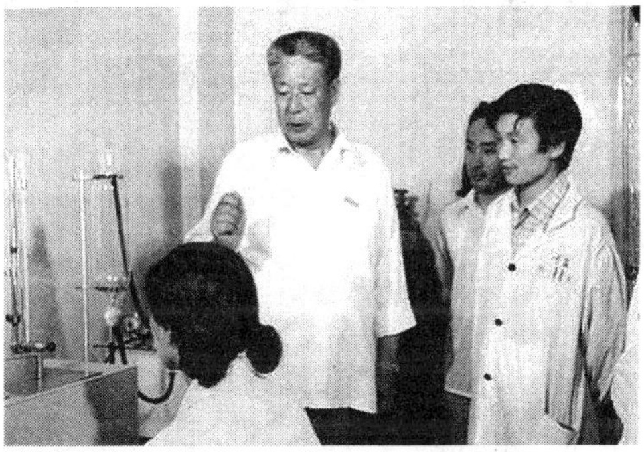

杨凤指导学生做实验

1986 **年，动物营养研究所成立大会**

杨凤指导博士生学习

此后，杨凤还主持了南方猪的饲养标准的研究与制订，参加了中国猪饲养标准制订的协作攻关，主持了四川和我国南方各省猪的饲料营养价值评定。针对四川土壤及饲料中缺硒、锌地理分布广，危害人畜健康和影响生产这一问题，他还主持了四川畜禽对硒和锌的需要量及其缺乏症的防治研究，揭示了畜禽体内硒、锌状况的定量关系和变化规律，提出了早期预测缺乏硒、锌的科学方法。如今，四川的饲料利用率从大于 5：1 减少到 3.5：1，养猪的数量由 5000 多万头增长到约 8000 万头，年出栏率由 50％增长到 100％，杨凤在其间起了举足轻重的作用。

杨凤在教学试验基地

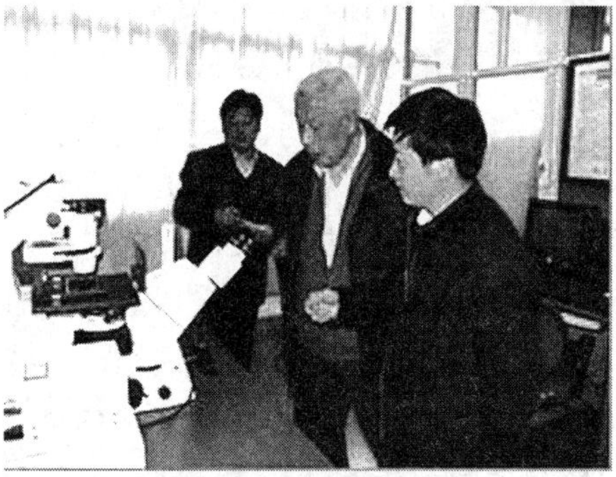

杨凤关心实验室建设

在研究中，杨凤非常注重选择那些能推动生产发展的项目。他进行的“瘦肉型配套系猪选育及饲养”研究，是四川省“九五”重点攻关课题。他的思路是，通过提高产仔率，减少种猪来提高经济效益。他将产仔数很高的太湖猪，拿来与长得快的杜洛克猪、长白猪、大白猪杂交，使农民最终获得高产、高收入。

邱祥聘：难忘最是故土情

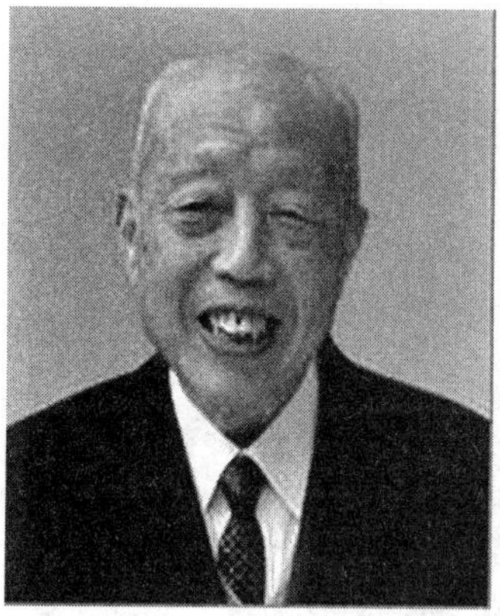

邱祥聘（1917—2016），教授，博士生导师。1938 年在国立四川大学农学院（1935—1950 年，学校前身）攻读学士；1942 年在四川省农业改进所工作；1943 年在国立四川大学农学院从事教学科研和管理工作；1945 年邱祥聘成为全国 20 名公费赴美深造的畜牧和兽医专业人员之一，进入美国爱荷华州立大学研究生院攻读家禽遗传育种，一年后回国；1956 年起先后担任四川农学院畜牧兽医系教研室主任、研究室主任、副系主任、动物遗传育种研究所名誉所长。毕生致力于动物遗传育种学科的人才培养、科学研究和社会服务工作

1944 年，伴随着世界反法西斯战争步入尾声，中国取得抗日战争胜利的形势亦是日趋明朗。为了能在战后尽快开展重建工作，国民政府与美国合作，决定从全国选拔一批人才送到美国留学培养。当时还是川大农学院助教的邱祥聘凭借出色的专业功底和扎实的英语基础，在选拔考试中脱颖而出，成为全国 20 名赴美深造的畜牧和兽医专业人员之一，并最终成长为我国动物遗传育种与繁殖学科的先驱。

邱祥聘 1917 年生于四川省汉源县，1938 年考入川大农学院畜牧兽医专业，1942 年毕业。邱祥聘非常喜欢畜牧兽医专业，一心打算学成之后，回家乡到牧区发展畜牧业，以此为国家发展做点事。他学习非常刻苦，常常学习到晚上 10 点寝室熄灯，成绩优秀，深得老师欣赏，毕业后被留任为助教。

担任助教期间，邱祥聘每天跟着张松荫老师上班上课，很多时候还要工作学习到凌晨两点。当时的邱祥聘英语基础不好，但面对恩师布置的“通读和翻译全英文教材，并写成读书报告”任务，他只得一边查词典一边翻译。虽然邱祥聘花了一年时间都没看完教材，但其专业知识和英语阅读能力大有长进，对他考取公费留美帮助很大。

参加公费留美选拔考试前，每个人要先提交一份英文论文，经审核同意后才能去重庆参加考试。考试题目有中文题也有英文题，答题可以用中文也可以用英文。靠着张松荫老师的严格要求，邱祥聘参加考试时英语水平已相当不错，答题的时候他全部用英文作答，顺利通过考试，进入美国爱荷华州立大学研究生院攻读家禽遗传育种。

在出国前夕，同到美国进修的人员多选择学习牛羊猪等畜牧业，没有人学家禽。邱祥聘却觉得家禽“既能出肉，还能下蛋”，很有发展前途。留学期间，当邱祥聘到农场实习，见到农场 2 万只鸡的养殖规模时，内心深受触动。对比之下，他深刻地意识到中国的家禽业养殖是多么落后，完全停留在传统农家养殖水平，不只谈不上规模化养殖，连产量和质量都非常落后。这种差距激发了他的研究热情，他暗下决心，要为中国家禽业发展做出自己的贡献。

赴美国留学期间，电灯下学习的邱祥聘

年轻的邱祥聘在检查鸡蛋性状

1945 年抗战胜利，中国战后恢复建设需才孔急，邱祥聘等一批留美人员均在第一时间回到祖国的怀抱。尤其是邱祥聘，他回国后可以留在当时武汉的联合国善后救济总署工作，领取美金工资，但他始终坚守初心，回到了家乡，回到了母校。

回到川大农学院后，邱祥聘便立刻开始搞成都鸡育种。没有鸡场，他和同事刘相模就在一间教室里搞实验。没有正式的研究经费，时任农学院院长的彭家元就以每个月一斤牛奶的钱支持他搞研究。没有设备，他就自掏腰包买实验材料。钱不够买煤油只能买酒精，可是酒精不稳定，一会儿火太大燃起来了，一会儿火太小就熄了，只能昼夜一直守着烧着酒精的小型孵化器，才能孵出小鸡。就是在这种艰苦的条件下，家禽遗传育种系人工孵化的第一批鸡苗诞生了。

1956 年，伴随着国家对高校布局的调整，川大农学院搬迁雅安独立建院。邱祥聘也随学院到雅安，与成立不久的新中国一起“携手创业”。

独立建院时，邱祥聘是畜牧兽医系的副系主任。他为了不耽误研究进程，专程把鸡鸭、捉家禽的设备、蛋的分析仪器、测鸡重的鸡称、屠宰设备等也都带到了雅安。随着国家和学校的不断发展，全国科学教育条件都有所改善，四川农学院有了正式的鸡场，邱祥聘也得以在更宽广的舞台上一展身手。他潜心做鸡的遗传和选育研究，率先在我国研究家禽人工授精技术，并在后来指导研究生的工作中取得鸡、鸭精液液态保存和冷冻精液，人工授精的成功，填补了国内这一领域的空白。他通过选育和杂交利用成都鸡，获得黄、白两个种群，选育出的成都白鸡，生长迅速，下的蛋多且大，在四川农村推广时受到广大农民的欢迎。20 世纪 70 年代，他开展了现代家禽育种方法研究，应用家系育种法选育出成都白鸡快、慢羽纯系，可以配套生产自别雌雄商品鸡，并在慢羽羽型中发现了一个新型，把自别雌雄的准确率从当时的 95% 提高到 99.8%。不要小看这 4.8%，对于有几百万只鸡的鸡场来说，减少这点误差率所带来的经济效益非常可观。1988 年，在日本举行的第十八届世界家禽年会上，他将这一成果发表，受到国际同行的瞩目。成都白鸡选育研究成果也获得了 1985 年省科技进步一等奖。

“成都白鸡新品种及育种方法的研究”
获 1985 年四川省科技进步一等奖

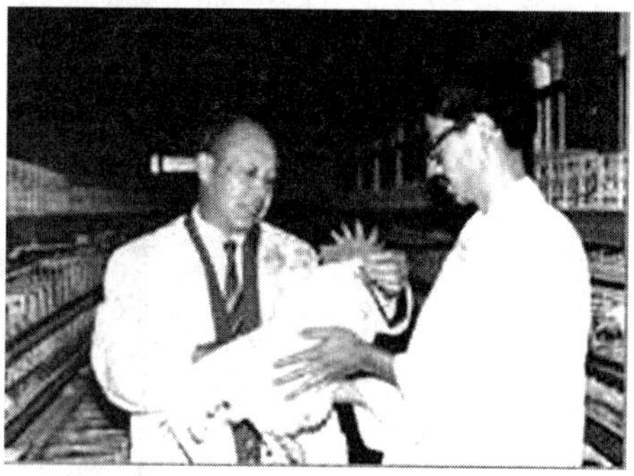

邱祥聘深入鸡场指导

20 世纪 90 年代，随着人们生活水平的提高，乌骨鸡以其药用价值受到了越来越多人的青睐，但是乌骨鸡生长周期长，年产蛋率仅 80 个左右，邱祥聘提倡在提高乌骨鸡产蛋率上搞研究。通过育种方法和关系选择方法，2000 年邱祥聘及研究团队将乌骨鸡年产蛋率最高提高到 240 个，选育的四个品系最低的产量也有 190 个，大大超过预期。丝羽乌骨鸡新品系及配套系的选育成果获得了 2003 年度四川省科技进步三等奖。做完此项研究之后，邱祥聘就退下来了，由朱庆教授接过接力棒，在提高乌骨鸡产肉性能上继续研究。

除进行鸡的相关研究外，邱祥聘在 20 世纪 60 年代还对水禽开展了研究。他进行的四川棚鸭业调查研究，其成果获 1980 年四川省重大科技成果二等奖。80 年代，英国樱桃谷肉鸭占领我国市场，每年进口花费很大。看到这种情况，他深为痛心，于是申请立项选育大型肉鸭。他选育出的天府肉鸭，生产性能可与樱桃谷肉鸭媲美，可替代进口，填补了国内空白。在四川、湖北、云南、广西等六个省（区）推广应用，受到广泛好评。

一路走来，邱祥聘见证了中国家禽业从落后到繁荣的发展过程。1973 年，中国农科院情报所组织高等院校的专家编写《国外畜牧业概况》，介绍 20 多个国家畜牧业的发展概况。邱祥聘负责编写国外养禽发展情况相关内容，第一次将国外先进的养禽技术介绍到国内，由此掀起了全国机械化养鸡的热潮。

为推动中国家禽业发展，1978 年他主编了《中国家禽品种志》，进一步对家禽品种名称等进行了规范。同年，他主编了全国高等农业院校统编教材《家禽学》，被评为全国高等院校优秀教材。

邱祥聘一生都在为推进我国家禽业学术发展和人才培养努力。1981 年，他为来自全国各地的技术人员主讲了家禽育种和家禽人工授精技术，第一次把现代家禽养殖技术呈现在国人面前。在连续担任中国家禽研究会三届理事长的 12 年间，他把仅有 103 个会员的研究会发展到后来有 1000 多会员的学术团体，推动了国内家禽业研究发展。为与世界研究保持一致，他还出席了不少世界性的家禽学术会议，了解最新研究动向，向世界介绍中国家禽发展经验。20世纪80—90年代，他多次应联合国粮农组织、世界家禽学会等邀请，到全球各地做学术报告。

邱祥聘主编的全国高等农业院校统编教材《家禽学》

邱祥聘（左一）参加全国第一次家禽科学会议留影

邱祥聘、曾凡同指导青年教师进修家禽细胞分析研究

在教学工作中，邱祥聘教授同样一丝不苟。他先后承担家禽学、家畜繁育学、家畜鉴别学、家禽遗传育种等课程。他教学认真，治学严谨，1989 年获得“全国优秀教师”称号，享受政府特殊津贴。他培养的学生遍布国内外，不少成为本行业的知名专家。

一枝独秀不是春，百花齐放春满园。在 20 世纪 40—50 年代，与杨凤、邱祥聘一道回国回校的还有许多多专家学者，他们与全国的返校专家学者一起共同建设新中国。

杨凤、邱祥聘、端木道等教授合影

留美硕士、我国现代土壤农化科学奠基人彭家元教授，在四川解放前夕，在国民党空军任中校的次子已为他办好去台湾的一切手续，要他尽快携家赴台，他却说：“我一生从事的事业在大陆。”

从美国康奈尔大学获博士学位后回国的夏定友教授，蒙冤二十载，仍不顾年老多病，以只争朝夕的精神，潜心于人才培养和科学研究，直到生命最后一息，其“终生不忘报国志，矢志追求勤科研”的精神感染了无数的川农人……

每一位老一辈归国留学专家，都是一本感人的爱国主义教材。他们继续书写着杨开渠、杨允奎等更早一辈回国专家科技救国的动人篇章，也为后来改革开放时期新一辈海外归来的川农人接好“兴中华之农事”接力棒做好了表率。

传承：85%回国率背后的故事

2001年底，一篇题为《四川农大：85%的回归率是怎样产生的?》的文章在新华社《国内动态清样》上刊出。文章指出，1981年以来，四川农业大学共派出各类出国人员388人（次），其中有333人（次）回到了学校。在当时我国留学生回归率与滞留率约为1∶2的大背景下，学校地处川西一隅的小城雅安，回归率竟达到85%。文章既提出了“85%的回归率是怎样产生的?”这一问题，又有理有据地解答了这个问题，认为“川农大精神”是原动力。

文章很快引起时任国务院副总理温家宝的重视，他批示：“‘川农大精神’应该总结、宣传和发扬”，并责成中央组织部、教育部和农业部具体安排实施。《人民日报》《光明日报》《中国教育报》《经济日报》《中国青年报》《四川日报》等十余家全国各级媒体相继来校采访，分别从学校情感留人和事业留人的举措、川农海外专家归国的缘由、川农大爱国精神寻根等角度深入挖掘85%归国率的这一“奇迹”背后的故事。

《故巢燕归来——四川农业大学留学人员85%的回国率探秘（上、下）》《金凤还巢建家乡——四川农业大学留学人员85%归国启示录》《归国回到川农都说无怨无悔——四川农业大学吸引留学人员工作纪实》《我们为什么要回国》《归国奇迹是怎样产生的》《魅力何在——来自四川农业大学的报告》……伴随着一篇篇深度专题报道的接连刊发，一个又一个川农大专家放弃海外高薪、一心建设祖国的感人故事在全国传播开来。

在这些新闻中，对这些人物进行了如下报道：

文心田，教授，学校党委原书记兼校长

一面是难得的攻读博士学位的机会，一面是嗷嗷待哺的学生。1990年，文心田收到学校发来的盼归信函，思想陷入激烈的斗争。当时，他正专注于“动物疫病试模诊断技术”的前沿性研究，德国导师兴奋地评价他的研究：“预示了一个重要进展和这个领域新的认识……”并为他申请了经费，希望他留下来攻读博士学位，继续研究。可偏偏在这时，母校教研室教师青黄不接，教学难以为继。回还是不回？闭上眼，他想起了国内的导师夏定友，老一辈专家教授一脉相承的爱国爱校精神奔涌在胸间。文心田，回来了，握着前辈的接力棒，挑起繁重的教学任务，从此再没时间和机会去圆博士梦。“学校需要我，我不能置之不理。”三年之后，在接受中央电视台的“东方之子”栏目采访时，文心田平静地说出了这番话。

在四川农业大学部分留学回国人员座谈会上，时任学校副校长邓良基教授表示，自己是一名共产党员，任何时候都不能忘记祖国，不能忘记党和人民的培养。要把祖国的兴旺繁荣放在第一位，把国家经济建设、社会进步和民族复兴事业作为自己的事业。在国外，虽然科研条件和基础条件要比国内好得多，但做的每一件事都不是直接为祖国、为家乡做的。在国家和学校的改革、发展、建设的关键时期，更需要贡献自己的力量，精忠报国。同时，学校各级领导求真务实、关心群众的工作作风以及和谐的人际环境，也是他两次准时归国工作的重要原因。目前，他所在的学科已成为省级重点学科，所在实验室为省级重点实验室，能够开展土壤学、土地科学和环境科学等方面的研究。

邓良基，教授，学校党委原书记

在四川农业大学部分留学回国人员座谈会上，时任学校副校长郑有良教授表示，他回国的原因有四个：第一，出国前，他已经获得了博士学位，并破格晋升为教授，主持承担了四川省科技厅和教育厅下达的科研课题；第二，科研和教学等方面的良好基础，尤其是个人的跨越式发展都是学校领导和老师精心培养的结果，从内心深处对学校产生了很深的感情；第三，所在的学科是博士授位专业，他又是本专业培养的首届博士，既有个人发展的优秀学科基础，更有一份为本学科进一步发展做点工作的强烈责任感；第四，川农大虽然在“天时、地利”上均不占优势，但有一个特别有利于人才发展的“人和”环境，这就是“川农大精神”对人的强大推动力。

郑有良，教授，学校原校长

作为改革开放后在德国哥廷根大学第一位获得博士学位的中国人，四川省第一位农业博士，原副校长任正隆教授携妻儿归来时，他认为最珍贵的是几十封老师的越洋信件。其中，有黎中明教授双目失明后，摸着尺子歪歪斜斜写来的鼓励；也有李尧权老师情真意长的现身说法，“建功立业，还是为祖国好……有的人看重钱，但也有很多人不看重，譬如鄙人，清贫一生，却非常舒心。”

任正隆，教授，学校原副校长

1986 年，在美国掌握了基因工程技术的郭万柱回校后，便马不停蹄地申报了自然科学基金项目“伪狂犬病重组疫苗研究”。时值四川省内狂犬病暴发高峰，每年因此致死1600多人。省领导委以重任，他同时又挑起了“狂犬病弱毒疫苗”的研究。在经历八年的苦心探索后，他终于试制出安全长效的狂犬病疫苗。同时，他研制成功我国第一株兽用基因缺失疫苗，在全国引起轰动。

郭万柱，动物医学院教授

1989年9月，罗承德研修期将满，选择回国。谈及归国原因，他说道：“1956年，四川大学农学院由成都迁至雅安建为四川农学院。包括不少归国留学人员在内的老一批川农大教师，为学校的建设与发展呕心沥血、历尽艰辛。‘川农大精神’从老一辈开始就扎下了根。”在德国期间，罗承德的学习、生活和工作的条件无疑是优越的，但他却时时感到孤独。有一次他到自选商店购物，离开时，工作人员对他说：“先生，我可以看一下你的背包吗?”事隔很久，每当罗承德想起这件事，心中总感到不是滋味，人格受到极大的侮辱。为什么偏偏检查自己的背包？不外乎因为自己是中国人。他当时就暗下决心，作为祖国的儿女，理当义不容辞地为母亲的强大、伫立于世界民族之林而奋斗、献身。

罗承德，教授，原教务处处长

20世纪80年代，国外商用配套系肉鸭发展迅猛，我国集约化肉鸭业大大滞后，每年光引种就耗费无数资金。王林全教授在1985年获得了到西德留学的机会。启程之前，他就一心一意做好准备去“拜师学艺”。他来到了西德国家家禽研究所，别人根本不让他看核心技术。这时，王林全看到一件有趣的事：三个大男人正费力给一只鸭做人工采精。他笑着说：我一个人就能做好。果真仅几秒钟，他便熟练地完成了，外国专家目瞪口呆。凭此技术，王林全敲开了西德国家家禽研究所和西德最权威的育种机构罗曼公司的大门。在那里，他获取了商业育种的“真经”。回国四年后，王林全和他的同事育出了“天府肉鸭”，在我国首次成功地实践了水禽现代育种技术。这项成果获得了四川省科技进步奖特等奖。

王林全，动物科技学院教授

“正是国外的留学生活，让我看到了国内外的巨大差距，也更加坚定了学成归来后，报效国家和学校的信心、决心。”李学伟教授说。他回国便挽袖当起了“杀猪匠”，靠着杀猪卖肉筹得的资金，迈开了科研的步履。1989年，李学伟学成归来时，手上既没有电脑等先进的仪器设备，就连基本的科研经费也缺乏，但他对事业仍然充满信心。1995

李学伟，教授，动物科技学院原院长

年，李学伟被加拿大国际发展署聘为“中国加拿大瘦肉型猪国际合作项目”的遗传育种技术负责人，他运用对方的先进仪器设备，做出了加拿大方面没能做出的遗传参数，并在国际上沿用至今。当时加拿大官员找到他，再三邀请道：“我们买你（技术），你们全家都可以成为加拿大人。”“不，我不愿意。”“为什么？我们给你 20 万加元年薪!”“不可能，这个项目的技术产权是属于我们国家的。”“那我们买二分之一?”李学伟笑笑，还是摇了摇头。他清楚地知道，这是一个民族尊严问题。

［本单元其他图片由四川农业大学档案馆（校史办公室）、动物医学院提供］

附录：

新华社“新华视点”：
四川农大：85%的“回校率”是怎样产生的？

北京2002年1月23日电　记者 余斌　蒋作平　李斌

四川农业大学（下称“川农大”）地处偏僻的“雨城”雅安市。2000年成雅高速公路通车之前，从学校到省城成都至少要坐上半天的汽车，如遇塞车，在半途住上一宿再走的情况也不鲜见。在信息闭塞、环境艰苦的情况下，近20年来，这所学校388人（次）各类留学人员中，有85%学成后如期返校。

是什么让这些留学人员放弃到国外或国内东部城市就业，而选择回校继续工作？记者调查发现，一脉相承的“川农大精神”、对归国留学人员的高度信任和以“人和”为特点的学校人际环境是吸引川农大众多留学人员归校报国的“法宝”。

“川农大精神”，从老一辈开始就扎下了根

说起为什么回国回校，川农大归国留学人员无不谈起学校老一辈留学人员的感人事迹，以及由老、中、青几代干部教师共同缔造的“川农大精神”。这种以“爱国敬业、艰苦奋斗、团结拼搏、求实创新”为内涵的精神，使川农大留学人员身在海外、心系故土，成为促使他们归校报国的巨大内在动力。

留德归国人员、川农大教务处处长罗承德教授说：“1956年，四川大学农学院（川农大前身）由成都迁至雅安建为四川农学院。包括不少归国留学人员在内的老一批川农大教师，为学校的建设与发展呕心沥血、历尽艰辛。‘川农大精神’从老一辈开始就扎下了根。”

川农大第一、二任院长，著名水稻专家杨开渠教授和玉米专家杨允奎教授，早年分别留学日本和美国。建校初期，他们踏青山、顶烈日、冒严寒四处收集研究资料，足迹遍及了四川各地农村，其艰苦奋斗、严谨治学的精神影响了一代代川农大人。

留美硕士、我国现代土壤农化科学奠基人彭家元教授，在四川解放前夕，在国民党空军任中校的次子已为他办好去台湾的一切手续，要他尽快携家赴台，他却说：“我一生从事的事业在大陆。”

从美国康奈尔大学获博士学位后回国的夏定友教授，“文化大革命”蒙冤二十载，仍不顾年老多病，以只争朝夕的精神，潜心于人才培养和科学研究，直到生命最后一息。其“终生不忘报国志，矢志追求勤科研”的精神感染了无数的川农大人。

杨凤、杨治龙、邱祥聘……每一位老一辈归国留学专家，都是一本感人的爱国主义教材。

现任校长文心田1987年被选派到德国学习。

1990年初，就在研究工作取得可喜进展即将攻取博士学位时，学校教研室来信说，因缺人上课，希望他尽快回国。经过激烈思想斗争，文心田最终选择了立即回国：“我的导师夏定友教授终生报国的精神和行为深深感染着我，在回国问题上我不能与学校讲任何价钱。”在川农大，因服从学校工作需要而放弃在国外攻博资格的还有朱庆、吴登俊等多位留学人员。十多年来，川农大几乎没有留学人员与学校谈回国条件，不少教师多次出国，又多次按期回国。

信任，是一种重要吸引力

由于特殊的“留洋”背景，归国留学人员在某些特殊时期可能遭人怀疑、误解。川农大充分信任并放手使用归国留学人员，吸引和留住了一大批有用之才。

川农大研究生处处长叶华智教授80年代中期赴美留学，此后又多次出国，屡有机会留在国外。在美留学快结束时，学校了解到叶华智想继续学习的愿望后表示，如果能得到国外资助可继续在国外学习，并同意其夫人前往探亲。叶华智深有感触地说：“学校的信任是一种让留学人员知恩图报的重要力量。外国再好是别人的，自己的国家和学校还需要自己建设。”1989年，叶华智再次被公派赴美合作研究7个月，一位大学教授多次劝叶华智留下来，甚至提出帮助他的孩子在美读研究生，但叶华智始终不为所动，按期回国。

留美博士、今年38岁的李学伟教授，几年前因为种种原因曾想离开川农大。在学校的关心信任下，李学伟承担了国家“九五”项目“瘦肉型猪的规模养殖”的攻关任务。

1996年又被评为全国优秀留学回国人员。李学伟说：“我的精力主要用在学术研究上，对其他的事不太关心。但去年10月，学校居然任命我为动物科技学院副院长。我感到意外，更感到一种莫大的信任。”

川农大党委书记于伟说，多年经验表明，吸引留学人员归国，必须在政治上充分信任、工作上放手使用。留学人员放弃国外优越条件回到祖国，特别是回到川农大，这些人在政治上就是基本合格的，是爱国爱校的，对这些同志要看主流，要注意引导教育。

据了解，目前川农大中业务主管部门负责人中一半以上是归国留学人员。校级领导班子6名成员中，4人有留学经历。归国留学人员已成为这所高校的中坚力量。

有“人和”，才有留学人员的回归

四五年前，川农大住房、工资等待遇都不高，但回国的留学人员比例仍持续增高。川农大党委书记于伟、校长文心田认为，长期形成的以“人和”为特点的学校小环境强烈地吸引着留学人员。

多年来，川农大重视选拔政治素质和业务能力强的教师担任学校各院和研究室的技术带头人，并充分发挥其表率作用，营造良好人际关系。数量遗传学家高之仁教授经常帮助提携中青年专家成长，在80年代初科研经费极其紧张的情况下，他把以自己名义申请的课题经费全部划转到一位年轻人名下，支持他们搞科研；李尧权教授在指导学生取得不少研究成果或论文发表时，他总是拒绝署名或要求署名靠后，并因此和学生发生“争论”。在这批有着良好职业道德和人梯精神的专家影响下，川农大多年来一直保持着良好的学术氛围，教师间人际关系融洽，很少发生争名夺利的事。

尊重知识和人才，领导干部不搞特殊化。川农大在职称评审、工资待遇、干部选拔等方面尽可能向知识分子、向一线业务骨干倾斜。学校早在1998年就规定，教师晋升教授必须具有博士学位、晋升副教授必须具有硕士学位。在2000年新房分配中，校领导班子与教职工一样打分排队，结果6位校领导有4位（包括书记、校长）分到了顶楼或底楼。领导干部以实际行动在群众中树立了良好的形象。

川农大还注意一些“细节”问题，时刻关心着留学人员的生活和事业。每逢元旦、春节、中秋等重大节日，川农大国外留学人员都会收到有校领导签名的贺卡。教师潘光堂到法国留学时已与妻子离婚，家里5岁的儿子时常让他牵挂。让他感到意外的是，时任总支书记的于伟冒着酷暑，专程赶到他的家乡简阳看望他的儿子。回忆起这段情景，潘光堂感慨地说，点点滴滴都是情啊！而让那些留在海外的留学人员感动的是，当他们回学校讲学时会发现名字仍被保留在学校职工名册上。

按照国家政策，获博士学位的留学人员可获得国家配套科研经费，而其他人员大多难以获得政府经费支持。尽可能为留学人员创造科研条件，川农大长期坚持帮助各类留学归国人员向有关部门申报科研课题、争取科研经费。学校还建立留学人员自选课题专项经费。

《四川日报》：故巢燕归来

——四川农业大学留学人员85%的回国率探秘（上）

2002年1月29日第1版　记者 肖静　刘骞

雅安，二郎山下、青衣江畔的一个川西小城。成雅高速公路通车前，到成都150公里的路程，得走四个多小时甚至一天。

小城一度闭塞，然而身嵌其中的四川农业大学如一颗明珠，令全国刮目。不过是一所省属院校，却像磁铁一般，吸引着一大批科教拔尖人才。改革开放20余年，全校派出388人次各类留学人员，85%学成后如期而归。

不可思议的高回归率，带来的是学校让人不可小觑的成果。继学校主持的水稻、小麦研究重大成果分获国家技术发明一等奖后，该校主持的小麦族种质资源研究和玉米研究重大成果又分获国家自然科学二等奖、国家发明二等奖。而屈指可数的四川省科技进步特等奖有3项被川农大摘取。更令人惊叹的是，获奖科技成果中，70%以上得到推广转化，为社会创下经济效益300多亿元。

无论是校舍建设，科研条件，还是居住环境，这里绝非一流。集聚如此多优秀归国人才，摘取如此多国家科技大奖，实属少有。

是什么，让海外学子弃洋楼，丢高薪，回到这偏僻之隅？

四川农业大学，磁力何在？

我们在川农大探寻，获得的印象感人至深。

印象之一：殷殷慈母愿，拳拳赤子心

一面是难得的攻博机会，一面是嗷嗷待哺的学生。1990年，文心田收到学校发来的盼归信函，思想陷入激烈的斗争。

他正专注于“动物疫病试模诊断技术”的前沿性研究，德国导师兴奋地评价他的研究“预示了一个重要进展和这个领域新的认识……”，并为他申请了经费，希望他留下来攻读博士学位，继续研究。可偏偏在这时，母校教研室老师青黄不接，教学难以为继。

回还是不回？闭上眼，国内导师夏定友的身影又一次清晰地浮现眼前。

1949年从美国康奈尔大学获得博士学位后回国的夏老，曾是新中国初期全国兽医界最年轻的教授。1957年蒙冤20载后，尽管已70岁高龄，他却依旧带着学生爬坡越坎，为农民生产排忧解难。“终生不忘报国志，矢志追求勤科研”是他毕生的写照。

何止夏老一人。川农大的历史从一开始就留下了归国人员的浓墨重彩：四川农学院（川农大前身）第一任院长、著名水稻专家杨开渠教授，早年留学日本，是世界上最早系统研究再生稻的学者之一；第二任院长、我国作物数量遗传学与玉米育种的开拓者杨允奎教授，1932年获美国俄亥俄州立大学博士学位，是前美国副总统华莱士的同窗；名誉校长杨凤教授，当年在美国即将获博士学位之时，周总理热情洋溢的讲话，促使他同钱学森等一批爱国人士，冲破重重阻挠，回到祖国……

老一辈专家教授一脉相承的爱国爱校精神，深深触动着文心田的心灵。他回来了，握着前辈的接力棒，挑起繁重的教学任务，直到今日身任校长，再没时间和机会去圆上博士梦。

“学校需要我，我不能置之不理”。三年之后，作为中央电视台的“东方之子”，文心田平静地说出了这番话。

毕业于四川大学的杨婉身教授来到川农大时，已经35岁。当时她并不情愿长期待在这个穷僻的地方。一个赴德留学的机会来了，教研室主任端木道教授极力推举她出去。“可是她的课？……”“没关系，我替她上！”就这样，在杨婉身出国留学期间，70多岁的端木老师整整代了四年的课。一想及此，杨婉身热泪涟涟。还有什么理由不归呢？

老一辈用无私奉献的深情滋润着学生易感的心灵。“如果不是我的几位恩师，我也许不会回到川农大。”已任副校长的任正隆这样说。这位改革开放后在德国哥廷根大学获得博士学位的中国人，我省第一位农业博士携妻儿归来时，他视为最珍贵的是几十封老师的越洋信件。那当中，有黎中明教授双眼失明后，摸着尺子歪歪斜斜写来的鼓励；也有李尧权老师情真意长的现身说法，“建功立业，还是为祖国好……有的人看重钱，但也有很多人不看重，譬如鄙人，清贫一生，却非常舒心。”

正是这样难割的师生情谊，伟大的榜样精神，使川农大像慈母一般召唤着一颗颗赤子之心。

20世纪80年代初，在当时美国尚属前沿、国内一片空白的基因工程研究上，留学美国的郭万柱教授获得重大进展。可面对美国国家实验室的丰厚待遇，他婉言谢绝：“我的学校培养了我，我不回去，对不起江东父老。”

印象之二：一个中国人的尊严

人称“羊头”的吴登俊是四川养羊研究会的会长，前后赴德待了4年半时间。第一次是留学。由于聪明勤奋，他备受导师的赏识。但当他看着那位导师用德语骂着另一位同胞“太笨”时，他的心被深深刺痛了。他没有选择留下，“在那里，不管你有多聪明，多么有天赋，总有一种感觉，是为他人打工。作为一个中国人，有多种因素限制着你的成功。”

第三次，当他以中方首席科学家身份访德，去拜访自己过去的导师时，正遇上导师对学生大发雷霆。原来一位德国女博士在自己的电脑上加了个密码，德国导师怒斥：“你们无权这么做，你们都是我的奴隶!”当即炒了那位女博士。又一次，吴登俊的心被刺痛了。

吴登俊回国用行动实践着一个中国人的尊严。他常年有近半的时间都待在大凉山，为彝胞们育出了产优质毛的半细毛羊。德国专家不相信：“你不可能在那么贫寒的地方育出那么高大的羊!”可实地目睹后，他们信服了。德国国家科教部立即拨款资助，进行科技合作。

归来的川农大人，就是这样，创造着一个又一个令外国专家瞠目结舌的奇迹。

作为一个城里人，李学伟教授从没想过自己会成为一名“猪状元”。1978年，这位15岁的高一学生抱着试一试的态度参加高考，被川农大录取，21岁赴德攻读博士学位，成为川农大最年轻的出国人员。

在被加拿大国际发展署聘为“中国加拿大瘦肉型猪国际合作项目”的遗传育种技术负责人时，李学伟利用加方先进的仪器设备，做出了加方没能做出的遗传参数，在国际上沿用至今。于是加拿大官员与他有了一次对话。

“我们买你，你们全家都可以成为加拿大人。”

“不，我不愿意”。

“为什么？我们给你20万加元年薪!”

“不可能，这个项目的技术产权是属于我们国家的。”

“那我们买二分之一？”

李学伟笑笑，还是摇了摇头。他清楚地知道，这是一个民族尊严问题。一个科学家成了商品，尊严何在？

1984 年，叶华智教授作为学校首批派出的留学人员来到美国华盛顿州立大学。当他把课题计划拿给他的合作者，请他给出“some suggestion（一些建议）”时，教授傲慢地纠正他，是“some advise（一些指导）”。憋着一股气的叶华智仅用了 3 个月，就做完了原定一年的课题。然而，他的合作者的导师，美国的一位植物病理学权威，根本不相信一个中国人能做出这样的成绩，看都没看报告就要求他重做。叶华智愤怒了！第二天他告诉教授说，既然我们在一起工作不能彼此信任和尊重，我要求回国。教授很惊讶，沉默片刻后表示歉意。从此两人成了朋友。

身处异国他乡，一个游子会更深切地体会到对祖国的眷恋之情。油然而生的，是耿耿报国情。

印象之三：我的血管里淌着农民的血液

在常人眼中，张新全总是走着一条不合时宜的傻路。出身贫寒的他，好容易念上大学了，钻研的竟是“不名一文”的草。1990 年草学热了，大批学人下海经商时，他又去考博，穷得连买豆腐都要算计一下钱是否够用。在瑞典作博士后时，一份美好的工作等着他，他却执意回来当了老师。

理由简单得不能再简单——我的血管里流着中国农民的血液。

在学校里博导可选住 150 平方米的住房，可他却守着 90 平方米的老房子。够了，农民的儿子，务实，不在乎物质。

“在感情深处，我始终认为自己是农民。”有着生产队长经历的任正隆，“矢志于农”。他实现了自己的梦想，成为一名农民科学家。“我要让中国的农民用上最好的种子”。没有试验田，他带着研究生自己挥锄开荒，挖地挑粪。如今，国际上使用的上百个小麦基因符号，只有 2 个是中国人设计的，那个人就是他。而他还成功创出我省四大小麦品牌之一——“川农号”小麦品种。他每一个项目的成功，都会为数百万中国农民造福。

“为什么眼中饱含热泪，因为我对这片土地爱得深沉”。这是每一位川农大人的心声。

徐刚毅研究员对罗中立的油画印象极为深刻。让中国 8 亿农民生活得更好一些，是他最大的心愿。在美国留学时，他目睹了一位博士每天早上六点起床一直忙到天黑，甚至边开车，边刷牙，深受触动。外国专家对待事业的拼命精神不正是发达国家成功的秘诀之一吗？

目前，中国已成为世界养羊头号大国，仅四川省山羊就有 1000 多万，但全省高校、研究院和省畜牧局专门从事养羊的专业人员总共还不到 20 人，与高速发展的形势极不相称。超负荷工作对被称作“忙人”的徐刚毅来说，已是家常便饭。“作为中国新一代的牧羊人，我有这样的压力和责任”。

印象之四：我就是冲博导回来的

王林全迫不及待要回国大展拳脚。

“人说‘三十而立’，可我已被时代耽误了二十年。”人称“王鸭子”的他，1985 年去德国留学时，已年满 43 岁。但他却有着一般人没有的“野心”。

那个年代，科研人员耻于言商。王林全对市场经济的理解却早走一步。国外商用配套系肉鸭发展迅猛，我国集约化肉鸭业大大滞后，每年光引种就耗费无数资金。启程之前，他就一心一意做好准备要去“拜师学艺”。他来到了西德国家家禽研究所，别人根本不让他看核心技术。这时，王林全看到一件有趣的事：三个大男人正费力给一只鸭做人工采精。他笑着说：我一个人就能做好。果真仅几秒钟，他便熟练地完成，外国专家目瞪口呆。

就凭此技，王林全敲开了西德国家家禽研究所和西德最权威的育种机构罗曼公司的大门。在那里，他获取了商业育种的真经。

回国四年后，王林全和他的同事育出了“天府肉鸭”，在我国首次成功地实践了水禽现代育种技术。这项成果获得了省科技进步特等奖。

“天府肉鸭”击败了英国“樱桃谷鸭”，在四川的规模化、集约化养鸭场中占领了 70％的市场。“王鸭子”成为货真价实的“鸭子王”。不仅带动千家万户的农民致了富，他的科研也走上良性循环。鸭场年纯收入 70 余万元。他每年都拿出 20 多万元资助有困难的教职工和品学兼优的贫寒学子。他的“野心”是挣 1 亿元，为川农大的学子们立个奖学基金。

留学海外，除了学到先进的科学技术，观念的更新也是一大收获。

1989 年，邓良基回国时，系里连过节费都发不出，人心思走。他许下诺言，要让大家一年比一年过得好。他带着学生到各县测试土壤，既帮县里搞出了调查，又让学生真正在实践中学到知识，师生还有一定的收入。如今，系里人均 3000 元以上奖金早已兑现。学校里，“创收是不务正业”的杂音渐渐消失。

“我就是冲博导回来的!”张新全，这位年轻坦率的归国博士“语惊四座”。与其在国外当博士后打工，不如回国当博导，教书育人进行自己开创性的事业。他没有失望。西部大开发，农业部投入 2100 万元在四川搞规模化宝兴鸭茅牧草的生产，张新全成为主力专家。

印象之五：我的事业在中国，在四川

如今，年仅 38 岁的李学伟教授已是国内知名的猪专家，他的名字品牌价值已上千万元。当初回国时，连希望他留下的德国导师也不得不承认：搞猪的遗传育种，在中国最有前途。川猪出栏数占全国的九分之一，占全球二十分之一，这是一个广阔的舞台。1989 年，李学伟学成归来时，尽管没有电脑等先进的仪器设备，就连基本的科研经费也缺乏，但他对事业仍然充满信心。堂堂洋博士，挽袖当起了“杀猪匠”。靠着杀猪卖肉筹得的资金，他迈开了科研的步履。

今天，李学伟是有资格骄傲的。作为全国动物遗传育种界知名的少壮派人物，他做的“netpig”（网络猪）已在全省乃至全国种猪场建起电脑信息网络系统，研制的种猪遗传评估软件，在全国一半以上种猪场推广使用。为此他已获得两次省科技进步一等奖。

“脚没踏在祖国的土地上，心中会很孤独。不管在哪儿留学，我的事业在中国，在四川”。这是1989年国庆节回到北京的留德专家罗承德教授发出的肺腑之语。

在国外，中国人好比别人大机器上的一颗螺丝钉。而回到祖国，则是造自己的机器。作为川农大一手培养出来的博士，留英归国专家郑有良副校长从个人的跨越发展中深深体会到，四川农大是干事业的好地方。他发自内心地说：“四川农大可以不需要我，我需要四川农大。”

1993年10月，王永清取得英国伦敦大学博士学位时，他的全家已经完全适应了英国的生活，独生子已经在英国读小学，只能讲英语。对王永清当时举家归国来到川农大工作，至今仍有人感到难于理解。回首往事，王永清无怨无悔。“刚回来时，条件确实很差，科研经费也很少，但毕竟还是能够做些事情，毕竟是在为自己的国家做事，为自己本人做事，不是为别人打工。想想回国以来培养出的众多大学生、研究生弟子，一手一脚建起的实验室，一点一滴为国家所做的事情，我感到由衷的高兴。”王永清说，“每当国外友人向我赞叹中国发生的巨大变化时，我总感到无比骄傲和自豪。因为我亲身参与了伟大的变革，贡献了自己的力量!”

国际研究数据表明，发展中国家在经济起飞阶段，三分之二留学生归国效劳，三分之一留学生在国外工作学习沟通信息，回归率与滞留率保持2∶1的“最佳回归比数”，而我国的情况却呈现1∶2的倒比。

然而，在四川农业大学，85%的留学人员为了自己的事业回到了祖国，回到了四川，让人们看到突破这一倒比格局的希望所在。

《四川日报》：故巢燕归来

——四川农业大学留学人员85%回国率探秘（下）

2002年1月30日第1版　记者 肖静　刘骞

一片枝繁叶茂的梧桐，引来凤飞凰舞。

传统与现代在川农大归国人员身上调和。他们归来，选择了与“农”为伍，根植于农村这片深厚的土地，心系“三农”，情倾学子。

他们貌不惊人，有的甚至外表“土”得与农民无甚两样。但谁能想到，他们曾身着洋装，在物质繁华的西方世界里，让国际知名的科学家们刮目相看、盛情相邀。

是什么，浇灌出这棵栖才绿桐？是什么，造就了这方聚才热土？

四川农业大学，磁力何来？

我们在川农大探寻，得到的观念耳目一新。

观念之一：“人和”的环境比什么都重要

没有“天时”，更无“地利”。每一位川农大人引以为豪的，是这里“世外桃源”般的“人和”。

老一辈专家用“人梯”精神，营造出和谐的学术氛围与人际关系。高尚的师德、淳厚的学风在校园延续，令人如沐春风。

数量遗传学家高之仁教授的人格魅力为学生们所景仰。80年代初科研经费极其紧张，为提携中青年专家成长，他将用自己名义申请的一笔课题经费，全部划转到当时年轻的教师荣廷昭名下。而今荣廷昭教授已成为我国著名作物遗传育种学专家。高老希望学生能“青出于蓝而胜于蓝”，“如果你们超不过我，那是我教学的失败。”

改革开放，国门打开，中国留学生政策重新开闸。一大批力主年轻老师出国留学的川农大老一辈专家热泪盈眶：“终于盼来这一天了！”第一批留学人员即将启程，送行会上，颇有酒量的校长杨凤竟兴奋得喝醉了。为了支持中青年教师留学，这批已届高龄的老一辈，默默顶起出国者的教学任务，一干就是三五年。

外人都惊讶，川农大怎么像一片不受污染的净土？不争名利，只求和睦，很多事情在这里与流行观点格格不入。德高望重的李尧权教授写了大量教材和著作，指导学生取得了众多研究成果。但每当推出科研成果、发表学术论文时，他总是拒绝署名或要求署名靠后。

1998年，在学校3%晋升工资的名额分配上，动物科技学院发生了激烈争论。老教授陈昌钧说：“年轻人收入低，应该把名额给年轻人。”年轻教师程安春说：“老同志机会不多了，应该照顾老同志。”双方为此相持不下。四五年前的川农大，条件艰苦，人们眼中的专家教授仿佛过着苦行僧的生活。吴月良教授68岁时患上肺癌，领导前往探望，却看见这位高级专家屋里清贫如洗，病床上，他依然在指导研究生。

“我走了很多地方，像川农大这样朴实、务实、纯正的校风、学风很少见。”正是看中了这一点，从外校远赴英伦取得博士学位的王永清教授才毅然选择落户川农大。

环境艰苦，但一大批专家和归国人员留下来了。科研人员最在乎干事业的氛围。这里弥漫着科学精神和科学思想，简单而融洽的人际关系，让干事业的人倍感轻松自在。

“其实哪里有绝对的净土，教师间难免发生摩擦。”校党委书记于伟说。但苗头一出，学校都努力去化解。农业科研的区域性、长周期性和社会公益性，决定了它需要一个团结协作的集体。学校态度一贯鲜明，“团结才能出生产力，互相争斗最后都没有赢家。”

房子、设备的落后，有钱就可改善；但“人和”的环境，没有历史的积淀和传承，却是千金难买。

几代知识分子呕心沥血、薪火传承，形成了“爱国敬业、艰苦奋斗、团结拼搏、求实创新”的川农大精神。人人都有高度的责任感，个个都是干实事的主人翁。川农大精神，成为学校凝聚人心的“镇校之宝”。

观念之二：知识分子集聚处，更需要尊重知识、尊重人才

高校是知识分子高密度聚集的地方，难道也存在尊重知识、尊重人才的问题？

文人相轻，中国自古有之。越是人才多的地方，越是考验管理者之处。很多人都说“知识分子难打整”。但说难亦难，说易也易。一句话，抛开“官本位”，一切都好办。校领导如是说。

房子的分配历来是人心的风向标。1999 年，这个最易触发矛盾的敏感问题，也摆在了校领导面前。

两幢新房如何分？如果两幢楼都实行离退休老同志与在职职工一起排队打分，那么无疑好楼层全是老同志的，6 位参与排队打分的校领导全排在了后面。有人向校领导建议采用社会上普遍实行的一种方法，把两幢楼分开，一幢拿给老同志排队，一幢拿给在职职工排队。这样校领导都可以分到好楼层。

但是，作为政策的制定者，校领导最终采用了让自己吃亏的办法。6 位校领导有 4 位包括书记、校长分到的是“顶天”（顶楼）“立地”（底楼）的住房。校党委书记于伟说：“分房涉及个人的利益，思想上也不是没有过想法。但是学校班子认为，要看积累型贡献，要首先把为学校建设与发展贡献出毕生精力的老同志安排好、照顾好。”年轻的副教授曾宪垠没想到，自己竟能分到与校领导一样的 150 平方米的住房。他激动地说：“我现在真是安居乐业了！”

在车子问题上，学校同样先考虑教职工。

成雅高速公路未通车之前，为方便老师到成都办事，学校花 40 多万元买来高档中巴车。车队舍不得用：“路太烂了！”“就是因为路烂才要买好车，跑坏了再买！”

今天的川农大与昨天已不可同日而语。这几年，学校抓住高教改革的机遇，加快了发展步伐。电话、天然气、自来水、住房……一个个困扰教职工多年的生活难题迎刃而解。去年，学校拿出 1000 万元，提高校内岗位津贴。在教职工岗位津贴平均提高一倍多的基础上，拉大差距，向业务骨干倾斜。一位普通教师的月收入已可达 3000 元。走在雅安街上，川农大人开始感受到被人羡慕的目光。人才的价值在这里得到了充分的体现。

尊重人才，也尊重人才的个性。学校不用传统的老观念衡量人才，大胆起用个性强的能人。用人不疑，任人唯贤。一批能干、敢干的优秀业务骨干被吸纳进领导班子。

吸引留学人员回归，应该有优惠待遇，但无论是“洋博士”还是“土博士”，都是学校需要的人才，都该同等尊重。学校有个激励政策：凡是取得硕士学位者，均享受讲师待遇；凡取得博士学位者，均享受副教授待遇。除了对回国人员的任课时限不作考核外，无论激励政策，还是职称评定，“洋博士”“土博士”一视同仁。校领导说：“不能引来了女婿，气走了儿子。”

观念之三：他们回来，就是最大的政治合格！

李学伟曾因遭遇信任危机动了出走的念头。

1991年，李学伟报请破格提拔副教授，有关方面给他业务上评了满分，政治上却是不及格，只因他平时“自由散漫，参加政治学习和集体活动不积极”。

李学伟很难过。华南农大热情的邀请函来了，他动了心。

当时的校长孙晓辉获知此事，立即找到当事人，斥责了这一错误做法。“胡闹！人家放弃洋房、高薪，回国效力，这在政治上就是最大的合格。”

一声“胡闹”，胜过百声批评。在学校的关心下，李学伟的职称问题得到了解决，并承担了国家“九五”攻关项目“瘦肉型猪的规模养殖”。他留下了。去年10月，他被学校任命为动科院副院长。在感到意外的同时，李学伟感受到来自学校的那份高度信任。受命于危难之中，他勇敢地挑起了振兴动物遗传育种学科的重任。

校党委书记于伟说：“我们的政治不是空头政治，衡量一个知识分子是否政治表现好，更重要的是看他能否爱岗敬业、恪守科学道德以及能否团结协作。”

汤浩茹1997年赴德开展合作研究时，还是一位在读博士生，学校保留了他的博士学籍。因工作需要，汤浩茹申请延长在德期限，学校领导同意了他的申请并写信鼓励他早日学成归国。重才的德方老板许以月薪6000马克的高薪和在德国很好安排他的妻儿等优厚条件，力劝汤浩茹留下。去还是留？正当他在矛盾中挣扎时，同在川农大工作的妻子带着儿子飞到了身旁。妻子带来了校领导的关心和问候，带来了学校的信任。“我汤浩茹何德何能，让这么多领导来关心！”面对如此的信任，还有什么理由不归呢？

对出国人员给予绝对的信任，这是川农大对留学人员一贯的态度。

叶华智教授说：“学校的信任是留学人员知恩图报的重要力量。”1990年，叶华智再赴美国开展合作研究。与他合作的美国教授非常欣赏他的才华。在叶华智回国后的几年内仍不断写信邀请他去美国合作研究。1992年，这位教授亲自前来中国，为他办好了一切赴美手续，并向其儿子许诺赴美留学不成问题。叶华智不顾儿子的要求，毅然谢绝了。“我走了，我的研究生怎么办？最重要的是学校刚刚让我担任研究生处处长，我不能辜负了这份信任。”

观念之四：科学是容许失败的

事业留人。对于科研人员而言，最大的安慰莫过于重担压身、环境宽容。

兽医分子生物学教授郭万柱充分感受到这一点。

1986 年，在美掌握了基因工程技术的他回到了学校。马不停蹄，他申报了自然科学基金项目“伪狂犬病重组疫苗研究”。时值省内狂犬病暴发高峰，每年因此致死 1600 多人。省领导委以重任，他同时又挑起了“狂犬病弱毒疫苗”的研究。

没想到一场事故差点终结他刚刚起步的事业。1990 年底，郭万柱带领科研人员搞出的一批疫苗在某地出了问题，三千多只狗打针后不久纷纷死去。一时间，当地人传言疫苗导致了狂犬病。卫生部、公安部被惊动，省上立即成立专家组进行调查。

种种非议和压力指向了郭万柱。关键时刻，学校首先为他承担了责任。省领导专门派人到学校安慰郭万柱：“搞科学试验，可能成功，也可能失败。”几个月后，真相大白，原来因为实验室条件的简陋，一位研究生做伪狂犬病实验时，污染了实验台，从而使一批狂犬疫苗受到污染。

省里和学校当下拨款，改进实验室条件，分开搞两个科研项目。经过八年苦心钻研，郭万柱终于试制出安全长效的狂犬病疫苗。同时，他研制成功我国第一株兽用基因缺失疫苗，在全国引起轰动。

回想艰辛的历程，郭万柱说，有这么一个鼓励创新、宽容失败的环境，有这么一个患难与共、肝胆相照的集体，自己回来对了！

知识分子最看重的是做事的条件。“条件”既是硬的，也是软的。

按照国家政策，除获博士学位的留学人员可获得国家配套科研经费外，其他人员大多难以获得政府经费支持。为解决这个矛盾，川农大建立了留学人员自选课题专项经费，为每位归国人员提供科研启动资金。1990 年，28 岁的张小平从芬兰赫尔辛基大学获得硕士学位回校后，利用学校提供的 3000 元科研启动费，将其在国外的研究成果整理出来，在国外刊物上发表了较高学术水平的论文，引起了业界的关注。如今他已成为我国生物固氮领域较有影响的年轻学者。

数年前，一些教师因缺少经费等方面的科研条件，而走出国门。如今，伴随物质条件的不断改善，“211”工程的日益推进，学校在营造软环境的同时，硬环境也跨步跟上。一些教授自豪地宣告，自己的实验室条件已达到国际先进水平。

观念之五：感情，一根无形的风筝线

如果说，出国留学人员是一只在外漂泊的风筝，那么川农大手中握住的那根无形的线，就是情感。

每逢节假日，留学的游子都会收到校领导亲笔书写的慰问信、贺年卡，讲学校的建设和发展情况，谈国家改革的大好形势。小小卡片，情深意浓。许多留学人员在惊喜和感动之余，坚定了回校的信念。

1989 年 4 月，离婚不久的潘光堂教授带着个人感情深深的伤害前往法国留学。1990 年 8 月，当时潘光堂所在的农学系的党总支书记于伟冒着酷暑，专程到简阳县石桥镇看望潘光堂 5 岁的儿子，对家里的困难给予了补助。这让远在海外的潘光堂非常感动。1990 年 10 月，学习期满后，潘光堂谢绝了法国友人的挽留，带着一个十万法郎的合作项目回到了川农大。

学校注重选派政治素质高、业务能力强的人员留学。但不同环境中人会有变化，没回来的人就是不爱国吗?

不！校领导并不这样认为。人才是否流失，不是看他一时一会儿在哪里工作、学习，而是长远看他能否为国服务。为此，川农大一直把留在海外的留学人员保留在职工名册上。龙漫远，这位曾被评为美国十大杰出青年科学家的川农大留学人员，在他的博士论文的扉页上饱含深情地写下了对母校的感激。因为现在从事的研究无法与国内接轨没能归来。但他一直感念着母校，思念着祖国。不久前他已回国担任了客座教授。

漂泊东瀛十几年，早已是“断线风筝”的徐正君博士终于决定回国效力。这动力源于去年夏天他的母校之行。当看到自己的名字依然在母校名册上时，他感动了。他看到，学校的水稻所可以跟自己的研究接上轨，西部大开发正在给四川带来前所未有的机遇。回日本深思熟虑后，今年 1 月，一封信函飞到了学校的信箱：“我准备今年举家迁回……”校领导热忱地回复：回国后，你将在住房、工资、津贴上享受学校正高级职称待遇，学校帮助你申报研究基金……

下个月就要赴荷兰参加博士论文答辩的曾宪垠，从 1991 年至今，几乎每年都要出国交流。同事打趣道：“你出国比我们到成都还勤!”曾宪垠对此心存感激，“学校严格执行国家‘支持留学，鼓励回国，来去自由’这一留学方针，多出去开阔眼界保证了我在学术水平上不落伍。”眼下他担心的不是回来后能不能再出去的问题，而是学校这么好的政策，自己能不能出成果的问题。

留学人员回归率高，更要不断派人出国；不送人出去，不进行国际的学术交流与合作，学术水平就无法提高，就不能站在世界科技的前沿竞争。这，是历届校领导的共识。

出国留学，是造就现代人才的一个可取的途径；学成回国，为民族和国家服务，既是出国留学的出发点，也是它的最后归宿。

川农大老一辈支持出国者的高瞻远瞩结出了硕果。如今归国留学人员已成为学校的中坚力量。留学出国人员中晋升为教授的，占学校教授总人数的 61%；入选为省学术带头人的，占学校省学术带头人总数的 63%。

悠悠乡情越重洋。又一封信寄到了校长文心田的手上。

信是正在留美攻博的吴彦奇写来：“到美一年，修完六门功课，成绩全为 A。每当思念学校之时，上网看到学校与时俱进的巨大变化，很受鼓舞。……我争取早日回国参与这种大建设大发展。”

百年中国留学史已经证明，一代又一代的海外留学人员在历史的重要关头，以壮志和才华为建设家园做出了重要贡献。西部大开发，加入世贸组织，中国，四川，迎来新一轮挑战和机遇。更大、更广阔的事业舞台向人才招手呼唤。

四川期待着，更多海外赤子的归来。

《四川日报》：我国动物营养学科的拓荒者

——记四川农业大学名誉校长杨凤教授

1997年7月30日第1—3版　通讯员 江英飒　记者 郑汝成　刘　骞

“杨柳春晖桃李曲，凤凰玉树杏坛风”。

这是一副祝贺四川农业大学动物营养研究所建所十周年的贺联。贺联巧妙地嵌入了该所创始人、老所长杨凤教授的姓名，表达了人们对这位终身献身科研、传道授业的著名动物营养学家的崇敬之情。

为国立志

1945年，24岁的杨凤尚未从昆明西南联大毕业，便考取了公派留美的资格。杨凤在西南联大读的是化学系，报考公费留学考的是化工，可临走时，有人动员说“中国很穷，很缺乏农业人才，希望有人学农业”，杨凤于是决定改学畜牧。

云南丽江，盛产好马。出生于云南丽江的纳西族小伙子杨凤，自小便对马很感兴趣。在美国爱荷华州立大学读本科时，杨凤遇上了一位对马有很深造诣的教授。报考硕士研究生时，喜欢马的杨凤很想成为这位教授的学生。但教授说，你们中国的猪最多，你应该去学养猪，学养马是没有前途的。杨凤听从教授的劝告，拜在了一位著名的养猪教授的门下。

1951年，杨凤即将获得动物营养学博士学位的时候，周恩来总理欢迎海外留学生回国参加社会主义建设的讲话传到美国，在美国的中国留学生中激起了极大的反响。这时，先期回国的华罗庚教授在美国《华侨日报》上发表了著名的《归去来兮》。这些，都深深打动并影响了杨凤。

杨凤向校方提出了回国的要求。这令他的导师十分惊讶：“你是不是疯了?”导师怎么也不理解他为什么要放弃即将到手的美好前程，回到那又穷又落后的祖国。面对导师的苦苦相劝，杨凤丝毫不为所动。最终，他冲破层层阻挠，于1951年回到了新生的中华人民共和国。

矢志报国

回国之初，杨凤了解到农民养一头猪要花几年的时间，不禁感触万分：“中国的养猪业太落后了!”从此他将他的目光牢牢盯在了养猪上，这一盯就是近半个世纪。

最初，杨凤受聘于北京农大，后应主持西南地区文化教育工作的楚图南先生之邀，到西南农学院畜牧系任系主任。没多久他又转到川大农学院，1956年，川农在雅安独立建院，他便一同来到偏僻的雅安，工作至今。

在以后的几十年里，他呕心沥血、含辛茹苦。为了做调查、搞研究，他到过一百多个县、乡。他常常背起被子到猪场蹲点，条件再差，也毫不在意。

正当他大展宏图的时候，反右开始了，不久又是“文化大革命”，杨凤受到了极不公正的待遇，但他从不抱怨。在下放农村期间，他喂猪、扫圈、挑粪、种地，样样干得出色。即便在精神上极压抑的时候，他也没放弃养猪研究。在当时提倡养猪以青粗饲料为主、精细饲料为辅的大气候下，杨凤凭着一个科学家的良知，冒着政治风险，指出养猪应讲科学，应走配合饲料的道路。他的这一说法，在当时受到严厉的批判。无奈，他只好对如何利用纤维酶提高粗饲料的营养价值进行研究。他参照美国的做法，率先在国内提出用消化能来替代的观点，这使我国有了更科学的能值评定体系，对我国猪的饲养研究具有重大影响。

1978年，科学的春天到来了！杨凤进入了他科研的黄金时期。

四川省是我国养猪最多的省份，约占全国1/6，仅次于苏联和美国。但长期以来，由于缺乏适合我省生产条件的饲养标准，致使养猪生产水平很低，饲料浪费很大，出栏率低，经济效益差。为了解决这一生产上和理论上的问题，杨凤于1979年开始主持了四川猪的饲养标准的研究，其成果获得四川省重大科技成果一等奖。这一研究，在学术上突破了国际猪营养需要标准的常规模式，突出反映了国际猪营养研究的新进展，是我国科技起点水平高的猪营养需要标准之一。其中，他提出的后备种猪的营养需要标准，在国际上属首创。在研究中，杨凤很善于把国外先进的科学技术与中国的实际紧密结合起来，特别注重从国内和省内的实际出发。在四川猪饲养标准的研制中，他将生长猪按其生产性能的高低分为6个等级，以分别适用于高、中、低三种饲养条件。这样，条件差的边远山区也能应用科学的饲养方法，不同的猪种也可按其生产性能高低选用相应的标准。这一标准对四川养猪生产水平的大幅度提高和配合饲料工业的迅速发展起了巨大的推动作用，年均新增社会纯收入3100多万元。

此后，杨凤还主持了南方猪的饲养标准的研究与制订，参加了中国猪饲养标准制订的协作攻关，主持了四川和我国南方各省猪的饲料营养价值评定。针对四川土壤及饲料中缺硒、锌地理分布广，危害人畜健康和影响生产这一问题，他还主持了四川畜禽对硒和锌的需要量及其缺乏症的防治研究，揭示了畜禽体内硒、锌状况的定量关系和变化规律，提出了早期预测缺乏硒、锌的科学方法。如今，四川的饲料利用率从大于5：1减少到3.5：1，养猪数量由5000多万头增长到约8000万头，年出栏率由50％增长到100％，杨凤在其间起了举足轻重的作用。

在研究中，杨凤非常注重选择那些能推动生产发展的项目。他进行的“瘦肉型配套系猪选育及饲养”研究，是四川省“九五”重点攻关课题。他的思路是，通过提高产仔率，减少种猪来提高经济效益。他将产仔数很高的太湖猪与长得快的杜洛克猪、长白猪、大白猪杂交，使农民最终获得高产、高收入。

如今，杨凤边研究边推广，已做到将产仔率提高 30%。他认为再进一步研究，完全还可提高。一次，省委书记谢世杰来校视察，杨凤向他汇报说："现在全省有 700 万头种猪，以后完全可以做到将种猪减少一半。"

精心育人

40 多年来，杨凤教授不仅从事研究工作，同时还从事教学工作。1978 年以来他招收了 64 名硕士生、14 名博士生。他培养的研究生不仅数量多，而且质量在国内领先，与国际水平相当。

先生的严厉是出名的。一次一位博士做实验时，没严格按要求做，他就当众把这位博士狠狠地批评了一通，直到这位小伙子流下了眼泪。

先生一生酷爱读书，一本好书在手，便手不释卷。他对学生们的规定是：1/3 时间读书、1/3 时间做实验、1/3 时间作总结。营养所的研究生们只感到的是生活的紧张，而对那种轻轻松松就可拿文凭的事感到不可思议。

搞他们这行的，要挣钱的机会很多。有很多饲料公司的老板找到先生，许以丰厚待遇，但先生视之如草芥。他想的是如何把我国的养猪事业搞上去，而不是自己挣钱。他多次提醒所里的老师，要多做学问，而不要"见钱眼开"。而对研究生的管理则更严格了。

先生严谨治学的工作态度和矢志报国的高尚情怀，已成了所里的宝贵精神财富。研究生们深感跟随先生，不仅学会了如何做学问，更重要的是学会了如何做人。

在他的严格要求和全所老师们的共同努力下，四川农大动物营养研究所在 1987 年全国动物营养专业硕士研究生教育和学位授予质量评估中获总分第一，次年又在本学科博士点评估中名列第一，并于 1990 年被批准为本专业唯一的国家重点学科点。先生本人也有国家科技进步二等奖一项，省部级一等奖四项、二等奖三项。由于他的突出贡献，1994 年四川省政府授予他科技重奖。

第五单元

攻坚：肩负强农兴农使命

党的十八大以来，以习近平同志为核心的党中央把脱贫攻坚摆在治国理政的重要位置，作为实现第一个百年奋斗目标的重点任务，动员全党全国全社会力量，全面打赢脱贫攻坚战，取得了彻底消除绝对贫困的伟大胜利，创造了震撼世界的中国减贫奇迹。在这关键的历史时期，川农大积极践行“9·5”回信精神，勇担强农兴农使命、尽锐出战，充分发挥科教人才优势，以对口帮扶雷波、布托、前锋等县（区）为重点，全覆盖服务四川 88 个贫困县和 45 个深度贫困县，真正把论文写在大地上，把成果带进百姓家。

举全校之力打赢脱贫攻坚战

重视农业科技推广和社会服务是川农大的优良传统，从 1983 年学校与大邑县签订首个县校合作协议以来，学校一直致力于发挥科技人才优势服务“三农”。

学校专门制定出台《2015—2020 科技扶贫工作方案》，统筹全面帮扶和对口帮扶，明确主要扶贫任务，细化帮扶重点工作，设立了科技扶贫专项经费 200 万元/年，为 45 个深度贫困县制定农业产业方案、提供科技人才支撑，强力助推对口帮扶的广安市前锋区、凉山州雷波县等地脱贫摘帽。此外，学校修订教师工作业绩评分、奖励办法、职称评审等人事制度，在职称、职级、职务晋升上充分体现扶贫工作的权重，每年评选 10 名扶贫先进个人，近 5 年有 6 名专家获评推广型教授或副教授。学校还单列经费用于奖励在扶贫工作中做出突出贡献的个人，极大地调动了教职工扶贫积极性。

2012 年刘延东同志为学校“新农村发展研究院”授牌

从 2012 年起，学校派出各级科技特派员 600 多名，组织 2000 余人（次）专家到贫困县（区）开展科技扶贫工作，95 位专家入选四川省“科技扶贫万里行活动”省级专家，30 余位专家被人力资源社会保障厅聘为科技服务专家，300 余人（次）专家入选四川省科技厅“三区”人才项目，先后实施各类扶贫项目近 200 个，用一项项新农艺、新技术、新品种，带动地方产业发展，实现造血式扶贫。

根据四川省委统一部署，学校定点帮扶广安市前锋区和凉山州雷波县。学校充分发挥学科、人才、科技和平台优势，打好扶贫“组合拳”：先后选派全脱产精准扶贫干部 6 人，其中驻村干部 4 人；组织近千人（次）师生开展现场指导与服务，累计培训人员

13000多人（次）；开展支部共建、党课专题培训等各类帮扶活动200多次；整合各类资金超2400万元，借助学校川农牛e购等平台，开展包装设计、产品营销等活动，有效帮助雷波和前锋农产品拓宽了市场渠道。

校党委书记庄天慧赴雷波看望学校派驻当地的扶贫干部，并开展产业调研

校长吴德与雷波县委副书记、县长陈翔签订帮扶协议

值得一提的是，作为首批全国新农村发展研究院建设试点的10所高校之一，学校按照“政府（企业）、学校、农民三结合，教学、科研、生产三结合，试验、示范、推广三结合”的原则，构建起受到全国政协副主席万钢高度肯定的“雅安模式”，使之成为学校服务地方的一张亮丽名片。党的十八大以来，“雅安模式”制定5大产业技术日历，形成四川省地方标准10余套，企业标准和技术规范30余套，示范推广新技术、新品种、新成果187项（个），组织320余名专家举办各类培训和推广170余班（次），培训各类农业从业者超2.5万人（次），新增经济效益9.5亿元。此外，“雅安模式”还走出雅安，新建了新农村发展研究院攀西、内江、川南、遂宁、彭州等5个分院，持续推动雅安乃至全省脱贫攻坚和乡村振兴。

除了“雅安模式”，学校还针对贫困地区农业科技需求不一、人才缺乏等问题，大力推行“科技小院”模式。依托11个科技小院，学校切实打通科技服务农户与精准脱贫的“最后一公里”，将科技创新成果应用到特困山区，实现为贫困户服务零距离、零门槛、零时差的目标。全省 60 多个市、州、县（区）与学校签订全面或科技合作协议，约定双方将共建现代农业试验示范基地 160 余个、国家级农业科技园区 11 个、专家大院 48 个、博士工作站 65 个。这无疑是对学校社会服务能力与成效的广泛认可和高度肯定。

学校专家积极参与“科技扶贫万里行”活动

学校专家积极参与四川省脱贫攻坚第三方评估工作

学校先后荣获“四川省脱贫攻坚奖先进集体”“四川省高等学校优秀服务型党组织”“四川十大扶贫爱心组织”“2019 年定点扶贫先进省直部门（单位）”“2019 年高校定点扶贫工作先进单位”、全省脱贫攻坚“五个一”帮扶先进集体等荣誉称号，相关扶贫案例入选四川省委组织部主编的《“绣花”功夫四川脱贫攻坚案例选》、教育部《省属高校精准扶贫精准脱贫典型项目》和国务院扶贫办“志愿者扶贫 50 佳案例”。“川农大为促进农业科技进步、助力农民从解决温饱到全面小康、推动农业现代化和乡村振兴等做出了重要贡献。”时任四川省委书记彭清华 2019 年 4 月来校考察时说的这段话，既是对学校农业科技扶贫的高度肯定，更是全体川农人砥砺前行的力量源泉。

学校所获部分荣誉

面对实现脱贫攻坚与乡村振兴有效衔接的新形势，学校步履不停，立即着手开展新一轮的布局。学校不仅在2020年出台《四川农业大学服务乡村振兴战略行动（2020—2025)》，明确未来5年要围绕“十百千万”4级目标持续发力，更是立即行动起来，在继续加大力度建设好成都都市现代农业产业技术研究院的基础上，先后成立成渝乡村振兴学院、天府新区乡村振兴研究院等高端平台，积极投身天府绿道建设、“川农牛IP”打造、“1链3e7星”技术集成推广与示范、乡村振兴企业孵化等项目，持续强化科技成果供给，加快成果推广转化示范，不断探索和创新地方农业高校高质量服务乡村振兴战略“川农大模式”。2021年4月，学校《社会服务支持计划（试行)》（以下简称《计划》）重磅出台，每年拿出1000万元，构建具有川农大特质的社会服务新模式，让更多成果造福百姓、推动产业、惠及农村。《计划》将通过打好校地合作、校企合作、校校（院所）合作“组合拳”，集成集中集约推动科技成果转化和盘活“存量专利”；注重组建科技服务团，鼓励团队作战，持续深耕和做出更多更大的产业化示范场景，引导和助力更多专家教师在乡村振兴中打响川农品牌。《计划》的出台吹响了全面助力乡村振兴的冲锋号，彰显出川农人久久为功、服务“三农”的豪情壮志与必胜信心。

2016 年学校与成都市人民政府签订战略合作框架协议

2016 年学校与成都市温江区人民政府签订共建环川农大知识经济圈合作框架协议

2020 年成渝乡村振兴学院（成都）揭牌仪式

2021 年学校与四川天府新区签订共建天府新区
乡村振兴研究院项目合作协议

回顾漫漫扶贫路，川农人的“三农”情怀始终不减。四川 88 个贫困县都有川农人的身影。专家教授们纷纷走进大山里、走近田埂边，倾力奉献、苦干实干，同贫困群众想在一起、过在一起、干在一起，将最美的年华无私奉献给了脱贫事业，为脱贫攻坚战提供了持续的智力支持。

肩负强农兴农使命

杨文钰：22年力促“玉豆”情深

杨文钰，教授、博士生导师。四川省作物带状复合种植工程技术研究中心主任，四川农业大学作物栽培学与耕作学学科带头人，四川省学术技术带头人，国务院政府特殊津贴获得者，农业农村部大豆玉米带状复合种植专家组组长，中国作物学会作物栽培专业委员会副主任委员，农业农村部大豆专家指导组副组长，四川省川粮油专家服务团首席专家。曾任四川农业大学副校长、农业部“西南作物生理生态与耕作重点实验室”主任、农业部大豆产业体系岗位专家、教育部高等学校农艺类教学指导委员会委员、四川省作物学会副理事长、中国植物生理学会生长物质协会理事等。曾荣获全国星火先进个人、全国农业科技推广先进个人、全国先进农业科研工作者、全国优秀科技特派员、四川省优秀博士后、“十一五”国家粮食丰产科技工程先进个人。杨文钰带领团队历时20多年的攻关成果“玉米—大豆带状复合种植技术”于2020年、2022年两次写入中央一号文件，也是首个两次写入中央一号文件加以推广的农业技术模式。

杨文钰教授（左二）现场作技术培训

大豆在我国粮食作物中进口依赖度最高，近年来全国大豆需求中有八成以上依赖进口。玉米、大豆属于同季旱粮作物，二者争地矛盾严重。杨文钰团队通过农机农艺融合、良种良法配套，选择紧凑、耐密、抗倒伏的玉米品种与耐密、耐阴、宜机收的大豆品种实行带状复合种植，一般一块田中玉米种植2行，大豆种植2～6行，这样在实现玉米不减产的情况下，每亩地可多收大豆100～150千克，相当于一亩地产出1.5亩地的粮食。由于提质增效成果突出，该技术连续12年入选农业农村部主推技术，并在2019年获四川省人民政府科技进步一等奖。2003—2021年，“玉米—大豆带状复合种植技术”在四川累计推广面积5758万亩，遍及61个县市，技术覆盖率75%以上；在全

杨文钰在四川省委农村工作会议上发言

国累计推广 9660 万亩，新增经济效益 335 亿元。这项技术对保证我国玉米产能、大幅度提高大豆自给率，保障我国粮食安全具有重要意义。

2022 年，农业农村部在全国 16 个省（区、市）推广玉米—大豆带状复合种植 1510 万亩，其中四川省扩大 310 万亩。杨文钰带领团队成员全国奔忙，从南到北行程密集到一天走好几个点。仅 2022 年 1 月到 5 月底以来，他就飞行 24 次，行程 36000 多公里，开车行程近 5000 公里。夏播期的高温，春播期的沙尘，天刚破晓的露水，深夜农机的车灯，全国各地的奔波，一天 12 小时的工作……对于杨文钰教授和团队成员来说，都是推广路上的家常便饭，而能够为稳粮增豆贡献力量，守护国家粮油安全，才是农业科技工作者的骄傲。

马均：让中国碗装中国粮，我们有信心有底气

马均，教授、博士生导师。四川省学术与技术带头人，四川省专家评议（审）委员会组成人员，“作物生理生态与栽培四川省重点实验室”主任，农业部“西南作物生理生态与耕作重点实验室”副主任，中国作物学会栽培委员会水稻学组副组长。

2022 年 6 月 8 日上午，习近平总书记在川农大与眉山市东坡区岷江现代农业示范园区合作建立的水稻核心试验示范区（永丰村）考察，来到了马均教授指导的水稻新品种新技术示范田。马均教授向习近平总书记汇报了核心区示范的水稻新品种和生产新技术。

马均把科研育人工作带到田间地头

马均传授讲解水稻种植技术

马均教授在眉山东坡区开展校地水稻科研合作已有 20 多年。在这里，针对四川盆地弱光寡照、水稻产量受限的情况，他和团队成员通过技术攻关，研发出了稀植壮苗、水肥耦合等关键技术，充分利用有限的光热资源，大幅提高水稻单产，并提高水肥利用效率。每到农事各个关键时间节点，团队都在田间地头手把手指导农民，确保有问题能得到及时解决。特别是水稻关键生育期，他们每天要在田里待 10 多个小时。

为了提高种粮大户的积极性，马均教授团队还与当地政府、农业职业技术学院合作，每年举办水稻“一优两高”（优质、高产、高效）生产竞赛活动，把种粮大户组织起来，调动大家种粮的积极性，从品质、产量、效益、过程管理等方面进行评比，最高能获得上万元的奖金。从第一届只有 24 户参加，到 2022 年第七届有超过 200 户参加，在马均教授团队影响下，农户们的观念也在发生变化，优质高产高效安全生产已成为大家的一致目标。通过开展竞赛活动，实现了园区水稻品种的优质化、生产技术的全程机械化和水稻种植的规模化。

在大家的共同努力下，2017 年核心示范区超高产攻关田水稻最高亩产达到 969 千克，创造四川盆地水稻超高产纪录。在这个全省最大的水稻新品种、新技术中试基地，马均教授团队累计引进试种国内外优质品种 340 个，筛选出宜香优 2115、晶优 534 等

适合眉山种植的优质高产高效新品种 26 个，示范推广机插秧优质超高产栽培、水稻机直播等技术近 20 项，集成推广杂交稻机械化生产“缓基速追”减氮增效施肥等绿色安全生产新技术 3 项，园区机械化率达到 100%，带动眉山市 150 万亩水稻实现优质化生产。许多技术达到国际先进水平，部分达到国际领先水平，先后获得国家和省部级科技奖 12 项。尤其是水稻全程机械化生产技术、杂交中稻丰产高效水肥耦合技术、稻田固碳减排等成果受到了社会广泛赞誉。

“全国脱贫攻坚先进个人” 吕秀兰

吕秀兰，教授，博士生导师。四川省学术和技术带头人，“天府万人计划”天府农业大师和成都市天府新区生态农业国家级领军人才。担任农业农村部农业重大技术协同推广计划葡萄首席专家，国家现代农业产业技术体系四川水果创新团队首席专家兼葡萄岗位专家，甜樱桃育种、“羌脆李”研究和四川省“科技扶贫万里行”水果产业技术服务团等首席专家。2019—2021 年先后荣获科技部首批“优秀科技特派员”“全国科技助力精准扶贫先进个人”和“全国脱贫攻坚先进个人”称号。

吕秀兰获“全国脱贫攻坚先进个人”表彰

吕秀兰，人称“水果教授”，她每年 200 多天战斗在水果产业一线，足迹遍布高原地区、大小凉山、秦巴山区和乌蒙山区，探索出“建立一个基地，浓缩成一个样板，成为一个看点和亮点，带动一方产业，辐射整个行业”的扶贫模式，每年直接带动 5000 多人依靠种植水果脱贫致富。

她是技术过硬的“吕葡萄”。她成就了以杨志明为典型的种植全国最好葡萄标杆，300 亩葡萄年均收入在 1000 万元以上；使得凉山州近 4 年葡萄面积由 3.5 万亩增加到 20 多万亩，产值超 15 亿元，成为我国优质晚熟葡萄之乡；学校对口帮扶的广安前锋区虎城镇茶花村合作社由于不懂种植技术导致 120 亩葡萄年亏损 300 多万元，经她实地培训指导后，第二年利润就达 100 多万元。

她是百姓期盼的“吕李子”。她自主选育的李子新品种“羌脆李”和“羌脆大李”，在全省 30 个贫困县均形成规模产业。四川省内累积种植面积达 50 多万亩，投产树年产值 70 亿元左右，仅茂县 2019 年栽培面积 7.3 万亩，产值约 12 亿元，全县农民人均纯收入达 1.5 万元，成为全县 8 万果农持续脱贫的主导产业。她在科技部定点扶贫的乌蒙山连片特困区屏山县推广“六统一分”标准化管理模式，2019 年至 2020 年全县 12 万亩“茵红李”提质增效递增 1.5 亿元以上。

吕秀兰进行李树春季管理指导

她是攻坚克难的“吕樱桃”。通过甜樱桃安全丰产优质集成技术研究与应用示范，产量实现了翻三番，达到每亩 1500 斤。推广种植甜樱桃新品种“红灯”“拉宾斯”“蜀珠”“川早红”“先锋”等面积达 5 万余亩，推广良种化率达 90%以上，纯收入达 1.5~2.5 万元/亩。

“全国科技助力精准扶贫先进个人” 王西瑶

王西瑶，教授，博士生导师。她带领马铃薯师生团队，攻克长期制约特困山区马铃薯安全贮藏和食品健康的块茎休眠萌芽难控的科学问题，在国际国内一流学术期刊发表高层次文章 80 余篇，获国家发明专利 12 个、实用新型专利 20 个，以集成创新的成果推进马铃薯产业扶贫，服务乡村振兴。

王西瑶以四川省“科技扶贫万里行”马铃薯团队首席专家、中国农技协“四川布拖马铃薯科技小院”首席专家等身份，长期服务四川凉山州、甘孜州、阿坝州等特困山区县，牵头“产学研推”合作单位，主持研发了“四川及周边特困山区马铃薯产业关键技术创新与推广”新成果，构建了以种薯活力调控为核心的“良种、良繁、良法、良品、良模”产业联动新模式，建成示范基地 98 个，技术培训 25000 人（次），累计推广面积 1975.6 万亩，新增利润 125.17 亿元。

农户的贴心人

王西瑶倡导并践行在基层中强化培养高层次复合型人才，引导研究生深入基层创新创业。她指导的研究生荣获国际大学生社会企业创业大赛奖（GSVC）、国家级大学生创新创业大赛奖、创业英雄 100 强、创业就业典型人物等奖励 12 次。

学生的领路人

王西瑶先后荣获全国科技助力精准扶贫先进个人奖、先进团队奖，“中国农技协最美科技人员”称号，四川省先进科技特派员奖，农业农村部神农中华农业科技奖，四川省科技进步一等奖。她的事迹被中央电视台、新华社、中国光明网，以及《人民日报》《光明日报》《中国组织人事报》《四川日报》和四川人民广播电台等媒体报道。

田孟良：被农民需要的感觉更充实

田孟良，教授，博士生导师，远程与继续教育学院院长，曾任新农村发展研究院副院长。主持培育川产道地中药材川芎、川牛膝新品种各1个。2019年被科技部评为“全国优秀科技特派员”。

2010年，宝兴县政府向开展调研的四川省科技厅提出县里急需高水平的中药材研究专家，省科技厅经慎重研究通知学校。田孟良便放弃海外深造机会立即奔赴宝兴。

田孟良（左一）现场指导药农

2008年，汶川地震后，宝兴的中药材种植受到了极大破坏。田孟良用6年时间选育了新品种“宝膝1号”，恢复了正品川牛膝的基原，并配套推广标准化种植方法。宝兴县现今建成了全国川牛膝种植标准化示范区，宝兴川牛膝通过国家地理标志保护认证，高品质的美名得到市场认可，药农收益大幅提高。

田孟良挂职担任宝兴县副县长期间，宝兴县与四川省中药饮片有限责任公司达成共建中药材生产基地合作协议，双方共建万亩中药材生产基地，形成集生产、研发、加工、销售等于一体的完整产业链。

田孟良四川道地中药材创新团队

为解决农民最迫切的问题，让好技术惠及更多的贫困地区，田孟良走遍了四川省的181个县，足迹遍布深度贫困区。仅2015到2017年两年，行程就超过20万公里。田孟良从2015年3月至今，仅从成都前往金川县玛目都村的次数就超过了20次。

2019年10月，科技特派员制度推行20周年总结会议在北京召开。会议对全国92名科技特派员进行了通报表扬，田孟良名列其中。

扶贫干部　勇担责任

在新的时代使命前，“兴中华之农事”不是一句口号，许许多多的川农人勇担时代责任，将自己牢牢扎根在祖国西南的土地上，下足真功夫，实实在在地做好精准扶贫工作。

扶贫干部葛飞（右一）向当地村民了解情况

2018 年 6 月，作物遗传育种专业博士，党委组织部办公室主任葛飞到国家深度贫困县雷波县垭口村扶贫。他与学校另一位驻村干部胡剑锋一起将蜜蜂养殖与种草养畜相结合，完善为“玉—草—蜂—畜”种养循环产业，垭口村从 2014 年全村人均纯收入 3328 元/年增加到 2019 年人均纯收入 7370 元/年，人均收入翻了一番。垭口村贫困发生率从近 50%降低至 0%，2019 年顺利摘帽。2020 年团中央授予他“全国向上向善好青年——扶贫助困好青年”荣誉称号。

扶贫干部胡剑锋（右二）查看玉米长势

扶贫干部张韬（右一）指导彝乡学生

扶贫干部饶远林在高寒牧草示范园

扶贫干部何祖峰（左二）走访农户

扶贫干部孙成勇（右一）慰问贫困户

定点挂职干部左之才服务养殖户

四川农业大学还有何祖锋、饶远林、张韬、孙成勇等誓要为乡亲找到发展出路的驻村干部以及定点挂职干部左之才，他们“扎根”农村，用有效靠谱的指导、实在贴心的服务，为脱贫攻坚战提供持续的智力支持。

……

在这场战役中，川农人秉持着“川农大精神”，把一片赤诚奉献给田园，用实际行动为推进乡村全面振兴、决胜全面建成小康社会、夺取新时代中国特色社会主义伟大胜利做出了重要贡献。

[本单元图片由党委组织部、党委宣传部、新农村发展研究院、园艺学院、农学院、动物医学院、远程与继续教育学院提供]

附录：

《华西都市报》：四川农业大学教授杨文钰 20余年倾心守护“中国粮仓”

2022年7月26日 记者 杨金祝 实习生 谭晰月

时值七月，暑意盎然。在眉山市仁寿县一块农田里，翠绿的玉米秆已高过人头。两行玉米带之间，一垄垄大豆苗长势正旺。

早在2007年，眉山市便开始引进四川农业大学教授杨文钰的研究团队，在仁寿县建立试验田，探索玉米大豆带状复合种植技术。

今年中央一号文件中提到，要“在黄淮海、西北、西南地区推广玉米大豆带状复合种植”，以大力实施大豆和油料产能提升工程。

这项技术，也是杨文钰教授带领团队历时20余年攻关的成果。经过多年探索，这项“四川造”技术已从实验基地逐步走向老百姓的庄稼地里，让四川、河南、河北、山东、山西等地老百姓尝到了增产增收的甜头。

同一片田地里，如何让玉米和大豆从“冤家”变成和睦相处的“邻居”？这项技术大面积推广还面临哪些问题？7月初，华西都市报、封面新闻记者对话到杨文钰教授，听他讲述如何科学搭配玉米与大豆，让它们在希望的田野上共同实现丰收。

“最萌身高差” 每亩地可多收大豆100公斤至150公斤

在一片肥沃的农田里，身处其中的物种都会拼命寻找养分、阳光、水分等资源，上演“适者生存”的大自然法则。玉米与大豆为同季旱粮作物，在地里存在天然的竞争关系，如何让它们和谐生长，是一道“横”在农业科学家面前的难题。

这20多年来，杨文钰教授和团队一直在思考并探索这个问题。

“2000年开始，我们针对四川盆地丘陵旱地土壤贫瘠、水土流失等问题，提出了‘小麦—玉米—大豆新三熟模式’。”根据四川的实际种植情况，2008年开始，杨文钰将研究的重点聚焦到“玉米—大豆间套作二熟模式”上，也就是玉米大豆带状复合种植技术。

如何复合种植呢？“通俗地来说，玉米是3月底4月初播种，大豆是6月上旬播种，二者会共同经历一个生长期，实现2行玉米与2至4行大豆交替复合种植。”杨文钰告诉记者，以前农民种了大豆就种不了玉米，种了玉米就种不了大豆。但在大豆玉米带状复合种植条件下，能够实现玉米不减产、能稳产，同时又多收一季大豆，每亩地可多收大豆100公斤至150公斤。

据农业农村部统计数据，2021年全国大豆玉米带状复合种植面积已经达到700多万亩，模式已基本成熟。如果按照每亩单产100公斤大豆计算，一年下来，全国将“白捡”7亿多公斤大豆。根据规划，力争今年新增大豆玉米带状复合种植面积1500万亩，进一步保障我国的粮食安全。

今年年初，四川省农业农村厅相关负责人在2022年省委一号文件新闻发布会上表示，今年四川将实施310万亩大豆玉米带状复合种植示范推广项目，目前已制定了项目实施方案和技术方案，明确将在108个县（市、区）推广。

于是，到了七八月份，在不少田地里都能看到一道特别的风景：绿油油的玉米和大豆整齐地带状排列着，玉米秆高耸挺拔、大豆苗茁壮成长，远远望去，如同一对“最萌身高差”。不仅造型独特，也寄托着这片土地对丰收的期望。

“冤家”变“邻居”
玉米与大豆和谐相处要考虑距离等多重因素

大豆与玉米套种，并不是简单地将两种农作物种在一起。“这里面有大学问。”杨文钰说，要让它们成为和谐相处的“邻居”，要考虑品种、行比配置、密度、施肥等多方面的因素。

“其中，行比配置是我们研究的重点。”杨文钰告诉记者，玉米和大豆是高秆和矮秆的搭配，要尽可能提升玉米的优势、降低大豆的劣势。具体如何搭配，要根据当地的地理、气候等条件综合考虑。“2行玉米与3行大豆、4行大豆、5行大豆等进行搭配，我们都实验过。在部分地区，玉米与大豆的最大行比配置可达到2∶6，也就是2行玉米搭配6行大豆。”

无论大豆行数如何变化，玉米始终保持着两行不变。这是为何？原来，农作物存在“边行效应”，大田边行上的作物生长发育较内部各行更好。保持两行玉米不变，这样一来，所有玉米都有了边行优势，中下部叶片都能得到充足的阳光。这并不意味着，玉米带与玉米带的距离越远越好。杨文钰说，两行玉米与两行玉米的距离在1.6米至2.6米最合适，具体要根据种植的地区来定。

玉米与大豆的距离，也在不断调整。“通过不断筛选与对比，我们发现60厘米的距离最好。”这个距离也在不断适应新的需求。杨文钰补充道：“为了适应机械化操作，黄淮海地区在套种时，最大距离可以达到70厘米。”

经过反复实验、研究，杨文钰和团队成员逐渐找到了玉米与大豆共生的“最佳位置”。

技术走入百姓家
希望建立更多示范样板让农民看到实惠

按照杨文钰教授研究的种植技术，每亩地在保证玉米产量的情况下，可增收大豆100公斤至150公斤。

可当他去全国各地推广这项技术时，经常有农民持怀疑态度。有人直接发问：田地里种了那么多大豆后，玉米咋还不减产呢？

秘密藏在两行玉米中间。杨文钰教授告诉记者，同一块田地，与净种玉米相比，种植了大豆后，玉米的种植面积的确减少了，但数量并没有减少。

“固定两行玉米后，边行优势达到最大化。如果净种玉米，株距在30厘米左右。套种后，玉米的株距控制在15厘米左右，这样，玉米的种植株数并没有减少。同时，还要保证单株施肥量，种植下来，就能保证玉米的产量达到当地平均玉米单产量。”杨文钰介绍，这样不仅玉米的产量守住了，还多出几百斤大豆来。

今年2月22日，中央一号文件正式对外发布。其中提到，“在黄淮海、西北、西南地区推广玉米大豆带状复合种植”。作为研究该技术20余年的资深专家，杨文钰和团队常年奔波在全国各地，深入田间地头，在当地培训、指导大豆玉米带状复合种植技术。

态势向好，但这项技术大面积推广，还需要解决几个问题。杨文钰认为，首先，核心技术要本土化，“不同区域有不同需求，行比配置、种植密度、施肥量都有差异，要做到因地制宜。”同时，要考虑耐荫大豆品种和抗除草剂品种的选育，“目前在除草环节，还需要分开对玉米、大豆进行除草。”此外，随着现代农业机械化程度提高，还需要研究如何同时收获玉米和大豆。

“不用担心，这些问题正在得到解决。”杨文钰教授说，经过多年推广，大家开始逐渐接受这项技术，并采取措施解决遇到的问题。

一次宣传推广时，一位种植大户来向他取经。通过交谈，杨文钰知道对方认真琢磨过这项技术。于是，杨文钰现场出题，故意考考他：“这样种的话，可能会遇到以下这些问题，准备怎么解决呢？”对方没有打退堂鼓，把自己琢磨的解决办法一一讲给杨文钰听。杨文钰回忆说，那天很热，去了好几个地方做技术指导，其实很累了，但那一刻却觉得再累都值了。“就是要有这种精神，遇到问题，就想办法去解决。”

倾心研究20多年，杨文钰对玉米大豆带状复合种植技术发展前景十分看好。他说，希望能在全国各地建立更多的示范样板，让农民看到实惠，尽快加入进来，共同实现增产、增收的梦想。

《华西都市报》：
水稻栽培专家、四川农业大学教授马均：
一方粮田四代人守望　禾下乘凉是我们共同的梦

2022年7月20日　记者 陈彦霏

那些守望粮田的人

悠悠万事，吃饭为大。

“民以食为天”是我国自古以来就有的传统思想，也揭示出“仓廪实而知礼节，衣食足而知荣辱”的基本规律。

四川成都平原地区，因得天独厚的地理条件，有着“天府粮仓”的美誉。这片土地的粮田背后，除了面朝黄土背朝天的农民，还有这样一群人，他们“文”能提笔做科研，“武”能下地做农活，他们就是农业科研人员。作为农民和科研之间的桥梁，他们肩负着从量变到质变，将粮田变良田的使命，数十年如一日，以自己的方式，守望着这片土地。

即日起，华西都市报、封面新闻推出“粮田守望者”系列报道，聚焦农业科研工作者给“天府粮仓”带来的巨变，讲述“中国饭碗”盛“中国粮”背后的故事。

7 月的成都平原，水稻田绿浪翻卷，长势喜人。

四川农业大学成都校区一栋不起眼的小楼，是水稻栽培专家、四川农业大学教授马均的日常办公地点。即便在大楼里已有新的办公室，他还是更喜欢在水稻研究所的老楼里办公。“这里稍微偏一点，但更安静。”

这栋建于 20 世纪 90 年代的老楼，记录着川农水稻研究所的历史。1988 年，四川农业大学水稻研究所成立，1991 年，水稻研究所从雅安迁到温江。“在水稻所大半辈子，我感受到袁隆平先生梦到的禾下乘凉，是我们水稻研究者共同的梦。”马均娓娓道来，讲述水稻研究所四代科研工作者和那片水稻田的故事。

四代人的水稻梦　用锄头扁担和桶搞出成果

一方粮田，四代人守望。在经历杨开渠教授、李实蕡教授和周开达院士三代前辈筚路蓝缕奋斗之后，如今，守护这片水稻田的重任落在了马均这一代人肩上。“水稻所老一辈的科学家，十几个人只有一间 20 多平方米的办公室，和一间仪器不多、十分简陋的实验室，基本是用锄头、扁担和两个桶，把科研成果搞出来的。”马均说。

据介绍，四川农业大学水稻研究所的前身，为创建于 1936 年的四川大学农学院稻作室。杨开渠为创始人，于 1935 年来川任教，见四川大量冬水田没有得到有效利用，于是将开发成千上万亩冬水田、提高稻谷产量作为首要研究课题，提出通过种植双季稻、采取干田直播法、选育旱稻品种等系统举措，全面促进四川粮食增产。

1965 年，四川农业大学教授李实蕡从非洲马里共和国援外结束回国后，担任了稻作室的主任。他从西非带回当地的水稻品种（冈比亚卡等）后，将研究方向从以水稻栽培为主转向以育种为主。李实蕡从国外回来后，让周开达一起参加水稻育种工作。那时，湖南的袁隆平也正在进行着杂交水稻研究——只是，一个团队是通过野生稻败育的“野败”同籼稻进行杂交，另一个团队是通过地理远缘籼亚种内品种间的水稻进行杂交。

“当时有种说法，叫‘中袁西周’，指的就是袁隆平和周开达。”马均说，川农大水稻研究所成立后，成为全国最重要的三大水稻研究所之一，其他两个是中国水稻研究所，和袁隆平领衔的湖南杂交水稻研究中心。

“当时我们所研究出来的冈·D型杂交稻，在四川的面积要占一半以上，在全国范围内种植的比例也很大，还获得过国家发明一等奖。”马均说。

一个人的15年坚守　水稻所不能缺了栽培研究

“虽然周开达院士是从事水稻育种研究，但正是在他的影响下，我选择进行水稻栽培研究。”马均回忆，他本科是学农学的，那时候就对栽培产生了兴趣，因为觉得栽培和其他学科交叉较多、灵活性强，考研究生时就选择了水稻栽培研究，师从水稻栽培专家孙晓辉教授。

“那时候虽然受杂交水稻发展影响，育种是更热门的方向，但周开达院士和孙晓辉老师告诉我，良种良法，我们不能光搞育种，还要搞栽培。一方面，水稻所不能缺栽培；另一方面，搞水稻育种也不能缺栽培。现在我们育种已经发展到较高水平，而要挖掘高产优良品种的潜力，还必须要靠栽培。”马均说。

这条路，马均独自奋战了近15年。“从大概1995年开始，我的老师们都退休了，整个团队就剩我一个人。”马均说，直到2010年之后，团队才逐渐壮大。

通过长时间的积累，马均的水稻栽培研究成果颇丰。四川农业大学官网显示，马均和同事的多个成果中，“重穗型杂交水稻的高产机理及其稀植优化栽培技术”不仅大幅度降低了水稻栽插密度，推动了水稻高产栽培从合理密植到合理稀植的转变，省种省工，而且增产10%左右。“超高产强化栽培技术”比常规栽培增产15%～40%，每亩增收节支70元至200元，节水20%至40%。“水培耦合节水节肥技术”则有效解决了四川稻作区丰产与肥水高效利用不能兼顾的技术难题。

“和老一辈时相比，现在科研条件更好了。”马均说，现在他的团队每年都有两三个研究生，常驻在位于眉山市东坡区的岷江现代农业示范园区搞科研，把实验室和试验田里面的研究成果首先在园区核心区里面放大，成熟的技术再向其他地方推广。“园区的优势在于基础条件更好，无论是经费、管理和人员的配套都很完善。”马均说。

解决“吃饱吃好”后　现在追求高效、绿色、生态

在马均看来，所有的农业技术必须与生产实际相结合。“以前我们在学校研究，现在我们在基地研究。”马均说，研究以后，技术要用于生产，基地建在这里，技术研究和成果应用都在这里，“这就很方便了。”试验示范基地的建立，可以很大程度上减少从研究到生产应用的中间环节，研究成果可迅速运用于生产上。“坚持把论文写在大地上，这是我的老师教育我们的，我现在同样这样教育我的学生。”

于马均而言，建立试验示范基地并不只是一份工作和研究，更是贴近农民和生产实际的桥梁。每当马均和团队去基地，总会有种粮大户主动联系他们，

请他们到田里面去看一看。“他们都很热情，经常邀请我们去吃饭。”农民们表达情感的方式虽然朴实但很真诚，马均笑言：“有时候我们还会称兄道弟，其实我们这些专家和他们没有什么距离。”在他眼里，他们是因为这片土地而联结在一起的“贴心朋友”，这也助推了新技术的推广，“我们有什么新技术、新成果跟他们交流，他们都乐意接受。”

马均表示，在眉山市东坡区与当地政府、眉山农业职业技术学院、眉山市农业农村局等联合举办水稻“一优两高”生产竞赛活动的7年里，他们培训了5000多名农民、200多个种粮大户。很多农民现在掌握了技术，都成了‘土专家’‘田秀才’。除了传授技术，马均团队还会把农民组织起来，进行集中培训。“每个阶段该做什么、怎么做，我们都会给农民们讲授清楚。”这样，农民对农业科技知识掌握得比较好，农田的产量和效益都显著提升了。

在田间地头工作了大半辈子，马均对农业生产也有独特的感情和思考。“总书记常说，‘悠悠万事，吃饭为大’，人首先是要吃饭的。”马均说，“以前吃不饱饭，粮食生产以高产为目标，吃饱饭以后，又想要吃好，就要做到既高产又优质，吃饱吃好以后，我们就要考虑效益和环境问题。从高产，到优产，再到高效、绿色、生态，实现‘绿水青山就是金山银山’，我们要做到多目标平衡。”这也是马均认为目前农业生产的难点。“同时实现多个目标难度比较大，这方面，我们还得继续努力，总书记嘱托我们要在新时代打造更高水平的天府粮仓，我们不仅要让天府粮仓装满粮，而且要装优质放心粮，保障国家粮食安全和生产安全。”

在马均看来，从事农业生产研究，是一件苦在身体、甜在心里的事。他坦言，从事农业科研很辛苦，日晒雨淋是家常便饭。“但每当走在田野上，看到农民使用我们的技术获得丰收，心里面十分欣慰。”马均眼里，农业科研一面是奉献，一面是辛苦。他印象最深的，是每年6月到8月雷雨频发的季节，“有时候暴雨突然来了，跑都跑不赢啊！摔在泥地里，腿脚还很难拔出来。”如今，又到了这个季节，这么多年下来，这一切已是寻常。

《教育导报》：
吕秀兰：她的名字和“丰收”联系在一起

2020年09月10日　李劲雨　记者 鲁磊

脱贫攻坚工作实施以来，四川农业大学林学园艺学院水果种植专家吕秀兰带领团队，先后帮助四川深度贫困地区发展起李子、葡萄、甜樱桃等特色产业，每年200多天“奋战”在四川水果产业，130天以上“扎根”深度贫困地区服务，每年直接带动五千余人依靠水果种植奔向小康。

年过五旬的吕秀兰，足迹遍布大小凉山、高原藏族聚居区、秦巴山区和乌蒙山区，她带领团队星夜兼程，帮助农民解决生产中的难题，同时探索出了“建立一个基地，浓缩成一个样板，成为一个看点和亮点，带动一方产业，辐射整个行业”的扶贫模式。被人称为“水果教授”的她，把实验搬进深山，把成果留在田地，用脚步丈量巴山蜀水，用真心服务困难群众。

每年 2 到 8 月，是水果生产的关键季节，吕秀兰每个月有 20 多天“扎”在乡村，解决生产实际问题。

2012 年，广安市前锋区茶花村引进葡萄产业，动员贫困户种植葡萄，几经摸索，耐贮藏、耐运输、市场价格更高的“夏黑”葡萄成为全村主要种植品种。但就在葡萄即将挂果的关键期，缺乏技术的种植户们照搬“巨峰”葡萄修剪方式，把“夏黑”树枝上用来开花结果的花芽全部剪光，造成丰产期不开花、不结果实，果农面临绝收的惨况。

实地察看后，吕秀兰发现造成绝收的主要原因在于村民技术的欠缺，特别是对新品种习性、养护办法知之甚少。为了避免村民因错误操作造成经济损失，吕秀兰索性在村里“驻扎”下来。在苗木栽植、保花保果、摘心抹芽、转色期、冬季修剪等关键时间节点，吕秀兰带领团队手把手指导果农，再让“大户”带“小户”，实现了技术推广全覆盖。

在阿坝藏族羌族自治州、凉山彝族自治州，吕秀兰还根据当地环境特点发展酿酒葡萄和晚熟葡萄，为贫困户提供全程技术支持。在吕秀兰及其团队的帮助下，茂县曲谷乡二不寨村 50 多户贫困户脱贫致富，其中一位贫困户年收入达 18 万元。她和团队研究的葡萄双膜覆盖避雨根域限制栽培技术辐射到凉山，助力西昌成为了全国优质晚熟葡萄基地。

屏山县位于乌蒙山连片特困地区，茵红李是农业支柱产业，种植面积达 12 万亩。为了引导果农对果园实施标准化管理，吕秀兰在屏山建立了茵红李核心示范区及标准化生产基地。作为她的“试验田”，屏山 12 万亩果园中产出的不仅是水果，还有实现西南高湿丘陵地区水果增产的经验。优质品种选育、土壤改良修复、精准肥水、保花保果、病虫害绿色防控、技术指导与试验示范……吕秀兰长年在“试验田”中埋头苦干，为的是探索出系统、科学、可供推广的技术规范，让更多人能从水果种植中走出“致富路”。7 年前，吕秀兰带领水果团队在阿坝州茂县的“试验田”中，自主选育出新品种“羌脆李”。如今，这个优良品种在选育地种植面积达到了 7.3 万亩，并辐射到全省 30 个贫困县，推广率达 63%，羌脆李成了困难群众增收的“金果果”。

这种“攻克一个点，带动一个面”的模式，将实验搬进深山、论文写在大地、成果留在田地，让吕秀兰的教学科研与生产实践紧紧联系在一起。

汉源等地在引进甜樱桃品种后，出现了树势高大，但八九年不开花或者开花不结果的情况。吕秀兰随队帮助村民查找原因，分析对策，发现汉源白樱桃可以作为甜樱桃的授粉树，让甜樱桃成功结上了果。汉源甜樱桃管理缺乏科学技术，裂果非常严重，极大影响种植户的收入。吕秀兰等人通过多年努力，进行了甜樱桃安全丰产优质集成技术研究与应用示范。这套技术于 2009 年通过省级成果鉴定，把裂果率从25%～30%下降到5%以下，把每个品种的成熟期相对集中到3至5天采收，对于恶劣天气的抵抗能力更强。2010年，冬春交替时天气大旱、后期又遭遇低温，甜樱桃成熟期又天天下雨，采用原方式种植的甜樱桃减产，每亩产量只有200～300斤，而采用新技术种植的甜樱桃产量却翻了三番，达到了每亩1500斤。

在汉源县清溪镇、汶川县绵虒镇、茂县凤仪镇等地贫困群众口中，“吕樱桃”“吕葡萄”……各种水果成了吕秀兰的“代名词”，她的名字和“丰收”联系在了一起。

作为“水果教授”，吕秀兰有一个梦想，通过研究和推广先进农业技术，让巴山蜀水飘果香、困难群众奔小康，“这梦想，正一步步变成现实。”

获奖之后，她说——

当总书记庄严宣告，脱贫攻坚取得全面胜利的时候，作为百万脱贫攻坚战线的一员，我感到十分自豪和骄傲。这是我们国家优越制度的体现，是在总书记亲自谋略，制定中国智慧和中国方案下，全党、全国各族人民上下一条心、团结拼搏、发扬脱贫攻坚精神下完成的。

在脱贫攻坚中有牺牲、有奋斗，换来了世界减贫史上规模最大、受众人口最多、脱贫攻坚时间最短的脱贫攻坚成果，对世界脱贫贡献率达到70%以上，这些都让我们奋斗在一线的科技工作者感到万分自豪。总书记在大会上强调，真正敢于把论文写在大地上，那才是真本事。我受到深深的感动和激励。

今后，我一定会以更加饱满的热情，发扬同舟共济、艰苦奋斗的脱贫攻坚精神，更加针对“卡脖子”种业种质品种瓶颈问题，以及农艺与农机装备融合、智慧农业、高质量绿色生产精准配套等关键共性技术问题，开展协同创新研究，探索更多的成果落地开花结果新模式、新机制，为培养农业农村科技领军人才、创业创新人才、乡村工匠、农业农技推广人才、农业生产和经营人才发挥智力和技术支撑作用，特别是在如何快速提高农业农村人员思想、观念、素质和增强内生动力方面做进一步工作，力争到2025年使乡村振兴人才规模壮大、素质提高、结构优良，初步能够满足产业兴旺的需要，为乡村振兴贡献自己的力量。

第六单元

奋斗：党旗飘扬，党徽闪耀

壮阔的征程，需要领航的力量。伟大的事业，来源于坚定的信仰。鲜艳的党旗高高飘扬，长期以来，学校始终坚持党的基本路线、坚持社会主义办学方向，解放思想、实事求是、与时俱进、求真务实，一路劈波斩浪，砥砺奋进，谱写出一曲奋进之歌。

由悲壮走向豪迈的历程

从开启新纪元到跨入新时期，从站上新起点到进入新时代，川农大同国家和教育事业同频共振、共同发展，学校事业取得了前所未有的历史性成就，学校面貌发生了翻天覆地的历史性变化。

1956 年，四川农学院成立大会

四川农学院校门

2006 年，学校迎来百年校庆盛典

2016 年，建校 110 周年庆典

"川农大精神"熠熠闪光

由历代川农人积淀而成的"川农大精神"是学校的宝贵精神财富。从2000年6月起，《人民日报》《光明日报》等中央和省级主要媒体进行了广泛宣传报道，引起社会强烈反响，"川农大精神"得到社会高度认可，"川农大精神"成为全省各行各业尤其是教育系统学习的典范。

"川农大精神"的命名和科学内涵的凝练是集体智慧的结晶。2000年2月21日、4月7日，四川省委组织部、省委宣传部、省教育厅等有关部门负责人，以及《四川日报》和《中国教育报》四川记者站记者等一行联合组成调研组先后两次来校调研，并就学校大学精神的总结重点听取部分专家的意见。5月23日，四川省委组织部副部长郑朝富在学校总结宣传"川农大精神"会议上讲话时，明确要求按照"爱国敬业、艰苦奋斗、团结拼搏、求实创新"的"川农大精神"的提法，把"川农大精神"喊响，使之起到长久的激励作用。这是"川农大精神"得以正式命名的重要标志。

"川农大精神"报告会

2000年5月，四川省委、省政府领导对总结、宣传"川农大精神"作出重要批示，指出："'川农大精神'具有典型的先进性，宣传'川农大精神'对深化高校改革，加强高校工作，具有十分重要的现实意义"，"精神感人、值得宣传"；6月29日，"川农大精神"首场报告会在雅安剧场举行；7月5日，四川省委组织部、省委宣传部和省教育厅党组发出《关于学习"川农大精神"的通知》，号召全省教育战线学习和弘扬"川农大精神"。2002年2月4日，四川省委教育工委、省教育厅再次发出《关于认真开展宣传学习"川农大精神"的通知》，在全省掀起学习热潮。

缅怀杨开渠、杨允奎教授，弘扬“川农大精神”座谈会

2020 年“川农大精神”命名 20 周年，学校举行座谈会

“川农大精神”命名 20 周年主题晚会

一流党建引领一流发展。在学校党委的坚强领导下，一代代党员师生勇挑重担，充分发挥先锋模范作用；一个个基层党支部真抓实干，充分发挥战斗堡垒作用；一辈辈川农人团结一心，求实奋进，学校 3 次被表彰为全国先进基层党组织。

1993 年学校获“党的建设和思想政治工作先进高等学校”荣誉

2001 年学校获“全国先进基层党组织”荣誉

2006 年学校获“全国先进基层党组织”荣誉

学校党委：领航的力量

近年来，在学校3次被表彰为全国先进基层党组织的基础上，学校党委坚持为党育人、为国育才，把党的领导落实到学校办学治校全过程各方面，坚持把思想政治工作作为开展学校党的建设的重要抓手，坚持以立德树人为根本，强农兴农为己任，以高质量的党建引领推动学校实现高质量发展。几代川农人共同缔造的“川农大精神”受到中央领导和社会的广泛赞誉。

在庆祝中国共产党成立98周年暨表彰大会上，校党委书记庄天慧为优秀党务工作者颁奖

学校出台加强思政课建设30条举措，致力培养具有“知农爱农情怀、强农兴农使命”的时代新人

学校党委坚持以“四个意识”导航、“四个自信”强基、“两个维护”铸魂，建立了常委班子带头学、中心组集体学、党员干部重点学、师生员工全员学的4级理论学习体系，进一步增强政治判断力、政治领悟力、政治执行力。坚持和完善党委领导下的校长

负责制，把制度建设摆在最突出的位置，以 2014 年省属高校中第一个被核准的《四川农业大学章程》为遵循，5 次集中开展制度“废改立”，形成了用制度管人、管事、管权的体制机制，并入选四川省教育改革创新发展典型案例。学校党委聚焦“培养什么人、怎样培养人、为谁培养人”，始终把立德树人作为根本任务，大手笔出台加强思政课建设 30 条举措。学校党委以党风纯、作风正、校风优、教风严、学风实为目标，强力推动“两个责任”落细落深，着力建设政治生态“绿水青山”，2018 年在省属高校中首批完成派驻纪检监察组改革，2020 年首轮巡察 8 个二级党组织。2017 年校纪委作为全省唯一高校，荣获 5 年一评的全省纪检监察系统先进集体。学校党委高质量完成高校 28 项党建重点任务，健全“四位一体”组织体系，实施党建工作“四大品牌计划”，推出了基层党建、思政工作和表彰奖励“三个百万工程”，顺利入选全省首批党建工作示范高校。

学校制度建设“红宝书”

学校深入推进“三全育人”综合改革

2021 年党史学习教育动员大会

2021 年全面从严治党工作会

一流党建引领一流发展。在学校党委的坚强领导下，虽历经“5·12”“4·20”两次大地震洗礼，但是，全校上下以坚忍不拔的勇气和决心，攻坚克难，锐意进取，从悲壮走向豪迈，实现了从省属农业院校到国家“211 工程”大学再到国家“双一流”建设高校的历史性跨越，办学地位和办学实力得到空前提升，办学影响实现全方位拓展，办学条件实现历史性变化，办学机制实现系统性完善。2018 年四川省委组织部来校考核校领导班子后，认为校领导班子“务实奋进、风清气正、有战斗力”。校领导班子多次被四川省委组织部考评为优秀。

学校“211 工程”部门预审开幕式

学校“211 工程”三期验收会

学校“双一流”建设中期
自评专家评估会

学校顺利入选新一轮“双一流”

办学影响实现全方位拓展。学校主动服务国家区域需求，不断满足人民群众对美好生活的需要，在教学、科研和社会服务等方面取得令人瞩目的成绩，极大地提高了学校的社会影响力、美誉度和贡献度。从人才培养看，不仅获得 11 项国家教学成果奖、5 篇全国优秀博士学位论文，更重要的是在“川农大精神”熏陶下，培养了数以十万计的优秀人才，年毕业生人数从 500 多人增长到 9600 多人，为经济社会建设提供了有力的人才支撑。从科技创新看，不仅获得 24 项国家科技三大奖、3 篇世界顶尖期刊论文等一批有重要影响的标志性成果，更重要的是 70%左右的获奖成果得到推广转化，有力推动了农业农村现代化和创新型国家建设。

办学实力实现大幅度提升。学校先后入选国家“211 工程”大学和“双一流”建设高校，办学地位和实力得到空前提升。以 1978 年恢复招收研究生、1981 年获硕士授予权、1984 年获博士授予权为起点，目前已构建以作物学、畜牧学和兽医学等学科群为引领，11 个博士一级学科、20 个硕士一级学科为支撑的学科体系，整体实力居全国农林高校前列，5 个学科 ESI 排名跻身世界前 1%。

办学条件实现历史性变化。学校借着改革开放的春风，大力加强基础建设，办学基本条件实现巨大飞跃，形成具有里程碑意义的三校区办学格局。

2010 年 10 月，成都校区正式启动

成都校区是“5・12”灾后异地重建时在原成都
研究生院、科学研究院的基础上建设而成

成都校区全景

附录：

《光明日报》："川农大精神"育人体系的实践

2012年11月28日16版　庄天慧

四川农业大学在百余年的办学历程中，孕育、积淀了宝贵的精神财富，即"爱国敬业、艰苦奋斗、团结拼搏、求实创新"的川农大精神。在新的形势下，学校凝练"川农大精神"育人理念，坚持科学精神、人文精神、创新精神教育相统一，把"川农大精神"融入人才培养的全过程。围绕这一育人理念，学校进行了积极探索与实践。

三位一体的"川农大精神"育人体系

建设"川农大精神"育人团队　以"爱国爱农、厚德博学、敬业奉献、诲人不倦"为目标，组建了"思政课教师—专业课教师—辅导员（班主任）—管理干部队伍"四位一体的"川农大精神"育人团队，把"川农大精神"的教育融入思政课教学、专业课教学和日常教育管理全过程；把践行"川农大精神"、教书育人的成效作为衡量师德师风干部作风和教职工评比表彰先进的重要内容和标准。

学科、研究机构、实践基地三结合的平台　在学科平台方面，在突出生物科技特色、凸显农业科技优势的同时，大力发展人文社会科学，推进多学科融合。以此为依托，开设了"美学与艺术鉴赏""中华礼仪文明"和"西方哲学智慧"等近百门人文选修课程，使学生在文化浸润与体验中获得心灵的震撼、思想的启迪和人生的感情。在研究机构方面，组建了四川省农村发展研究中心、校社科联、四川省公民文化普及基地和四川省社工基地等，大力开展相关学术研究。在实践基地方面，整合校内外实践基地，实施科研兴建培养计划、大学生创新实验计划、专业技能提升计划、文化素质提升计划和创业实践支持计划，将理论与实践融合。建立教学实践基地135个，校外固定社会实践基地261个。学生社会实践连续17年受到团中央表彰。

课堂、活动、环境联动的育人载体　以教学工作引领活动开展和环境建设，以活动开展和环境建设支持教学工作。构建了"大基础教育（通识基础教育＋专业类群基础教育）＋专业教育"课程体系。"通识基础教育"包括自然科学基础和人文社会科学基础，文理交融，突出综合素质培养。在教学安排上把"川农大精神"教育作为思想政治理论课，与专业课的教学目标之一和教学内容有机结合；在新生入学教育、日常教育、毕业生离校教育等进行"川农大精神"全过程教育。在活动育人上，营造以"川农大精神"为内核的校园主流文化氛围，凝练文化主题，举办川农大讲坛、青春大讲堂、学生百家讲坛等品牌活动。近3年举办100余场高水平讲座，逾10万人次享受人文盛宴。在环境育人上，打造校史展览馆、校友江竹筠烈士雕塑等人文景观，使校园文化环境的审美价值和教育功能实现和谐统一。

创立“川农大精神”育人运行机制

建立党委领导，部门分工协作，全员参与的组织领导机制　党委统一领导，负责顶层设计和统一部署，主要领导重点抓牵头规划，分管领导亲自抓部署实施，党政部门齐抓共管，各部门相互协调、分工负责，各教学部门结合自身学科特色组织发动、广泛开展，形成全校师生积极参与的育人大格局，有效保证了育人体系的运行。

完善德育为先，能力为要，素质为基的科学考评激励机制　以优良思想道德品质为前提，以培育实践能力和创新能力为中心，以人文素质和综合素质全面提升为基础，确立学生评价标准。制定《关于进一步加强和改进我校大学生思想政治教育的意见》，修订《学生综合素质测评办法》、出台《关于进一步加强学生文化艺术教育的实施意见》，设置3个文化艺术学分，每年免试推荐10名文艺骨干攻读研究生，在评优评奖中给予加分等鼓励性政策，强化对人文素质的培养力度。

健全了以制度为根本、投入为基础的保障机制　制定了《师德规范（试行）》《关于进一步加强和改进班主任工作的意见》等系列管理制度，将“川农大精神”育人制度化、规范化。同时，加大对人、财、物投入，充实育人队伍，加大人文艺术类学科人才的引进和招聘力度。每年投入经费1000万元，专项支持提升人才培养质量；修建了学生文化素质活动中心，每年投入100万元文化艺术教育专项经费，开展校园文化艺术节活动。

彰显“川农大精神”的育人功能

彰显培育功能　在办学过程中不断赋予“川农大精神”新的时代内涵，外化为“爱国爱农、厚德博学、敬业奉献、诲人不倦”的教风、“心系三农、追求真理、自强不息、学而不厌”的学风、“追求真理、造福社会、自强不息”的校训，以此为导向，培育学生兴农报国为民服务的奉献精神、以人为本人文关怀的人文精神、崇尚学术追求真理的科学精神、求真务实改革创新的时代精神。

彰显陶冶和塑造功能　“川农大精神”在育人工作中富有极强的渗透性，这种渗透实质上是思想方法、道德意识、价值观念、行为方式的启迪、感化、陶冶。以追求真理、造福社会、自强不息为基本价值取向的校园文化可以帮助学生养成优良的道德操守；校史展览馆、景观塑像等物质文化能使学生得到美的感受以及心灵的陶冶、净化和升华。

彰显凝聚和激励功能　“川农大精神”以深厚的文化传统和积淀以及理念的明晰性，渐化为学校师生深层次的群体意识。爱国敬业、艰苦奋斗的精神，是由一代又一代川农人所传承和凝聚成的奋斗目标、先辈典型事迹、大师学术成就和身边的榜样群体不断得以薪火相传，在百余年办学历史上产生了强烈的感召力，激励川农人奋发图强。由“川农大精神”集中反映出来的学校形象和声誉，增强了全体川农人的凝聚力和归属感。而团结拼搏、求实创新的精神，则一直都为追求真理的川农人提供动力和方法论指导；激励着不同学科知识的碰撞、交融，为川农人提供了增进智慧、获取新知的启发与机会。

《四川日报》：以“兴中华之农事”为己任

——解读新时期的“川农大精神”（上）

2008年11月09日　记者 王飞　江芸涵　张守帅

“感谢母校，为我插上飞翔的翅膀。”就职于世界500强美国嘉吉集团成都饲料公司的罗岚最近写信感谢母校，她已获得国际青年成就组织授予的“JA2007杰出志愿者”等多项荣誉。

远在新疆生产建设兵团的川农大毕业生颜冬，对自己选择艰苦行业和地区不但不后悔，反而充满自豪。“我为身后有这样一个文化底蕴深厚的母校而骄傲，为有这样一个展示自我的舞台而激动!”

几天前，网名为“笑看今朝”的一位川农大学生在博客中写道：“我不后悔，我选择了‘农’，因为农村需要我们，农业需要我们，农民需要我们。”

“兴中华之农事”，是川农大对爱国的诠释，是一代又一代川农大人的追求。“80后”的学子们，已接过了前辈的接力棒。正是代代相传的“爱国爱校、兴农报国”的优良传统，铸就了“爱国敬业、艰苦奋斗、团结拼搏、求实创新”的“川农大精神”，成为激励川农大人取得卓越成就的动力。

心系粮仓

金秋时节，郫县古城镇花牌村稻田橙黄。省科技厅组织专家进行收打验收。亩产847.43公斤！刷新了成都市水稻亩产788公斤的纪录。川农大在盆地单季籼稻丰产试验中又取得突破。

民以食为天。川农大始终把解决好粮食问题放在服务“三农”的首位。四川的小麦单产，自新中国以来实现了三级跳。从20世纪50年代初的“大头黄”“雅安早”到七八十年代的“繁6”及其姊妹系，亩产从150～200公斤提高到350～400公斤，这些都与颜济教授领军形成的重大科技成果直接有关。为了培育出大面积高产的新品种，他率课题组跑遍全国16个省区进行野外考察，十余次深入新疆荒漠，18次登上青藏高原。

近年来，川农大任正隆教授带领的课题组培育的“川农号”小麦，在四川和我国南方省区已推广应用1300万亩，最高亩产约60公斤，平均亩产高出当地栽培品种100～200公斤。

有付出就会有收获。十余年来，川农大通过省或国家审定的粮食作物新品种 132 个，其“冈 D 型”和蜀恢 527 系列杂交水稻、“川单”玉米和“川农号”小麦新品种分别约占四川种植面积的二分之一、三分之和四分之一。

在党的十七届三中全会召开期间，列席会议的川农大党委书记、校长文心田特别带去了两个超级杂交水稻种子，“川农大培育的多个超级杂交稻品种，可大力促进我国南方省区甚至东南亚地区水稻增产，为我国和世界粮食安全做出更大的贡献。”

胸怀“三农”

每逢开学典礼，文心田最爱对同学们说：“在川农大无论你学习什么专业，今后从事什么工作，无论你今后身处城市还是农村，希望大家都要惦念‘三农’，关注‘三农’，在不同的岗位服务‘三农’。这应该成为我们川农大人才培养的特色。”

云南元江被称为“天然温室”，这里有玉米育种专家杨克城教授的试验田。8 月，烈日当空，汗水流到眼镜上，两三分钟就蒸发掉，留下一圈圈发白的汗渍。如此情形，让年轻的研究生都不免发怵，60 多岁的杨克城却一马当先跳到地里。一天工作下来，手上、脸上又红又肿，晚上用凉水一敷，第二天又照样钻到地里去。

身教重于言传，专家教授们这种忘我的劲头来源于对农民始终抱有一种赤子之情，他们“学农、爱农、为农”的人格精神潜移默化影响着一代代川农大学子。

许多学生感同身受，思想行为发生了深刻变化，他们或组建“关爱留守儿童，奉献一片爱心”社会实践小分队，或担任“党员 1+1 科技助农增收服务团”成员，或建立乡村书屋，或担当“果树医生”，热忱投入服务“三农”之中。目前，川农大毕业生中四分之三以上在西部工作。

与此同时，川农大还通过各种途径和形式举办培训班，近两年为农村培养各类实用人才和致富带头人 9100 多人。2006 年，学校主动承担省委培训 12000 名村支书的任务，当年即完成培训 6700 余人。盐亭县安家镇梓盐村村支书赵铁军受训后感慨万分：“到川农大学习一周，不仅让我从广义上理解了什么是产业化生产，更让我在以后的工作有了更多让农民脱贫致富的点子。”

2003 年以来，川农大先后在雅安、广安、乐山、德阳、成都等地建立了 26 个各具特色的“农业科技示范专家大院”。70 多位专家从这里走向田间地头，上千人次的博士、硕士、本科生从这里走进农家小院，100 多项（次）科研成果从这里推广转化。

近 3 年约 60%的本专科毕业生进入农业产业化企业就业；近 4 年通过“专家大院”带动农民人均年收入增加 550 元；近 5 年学校品种推广创社会效益 130 多亿元；近 6 年接听“农民科技 110”咨询电话累计达 15 万余次。

《四川日报》：精神是怎样炼就并传承的

——解读新时期的“川农大精神”（中）

2008 年 11 月 10 日　记者 王飞　江芸涵　张守帅

8 日雨后正午，一位头戴草帽、身穿围裙的“老农”站在雅安雨城区草坝镇一片齐腰的稻田里做着记录……“这是我们学校的水稻专家周明镜教授，他正在做恢复性选育研究。”陪同采访的川农大人介绍。“我已在农户家里吃住 20 多天了。”走上田埂，周教授对记者说，过几天这里的研究结束后，他又要去海南试验田看看。

看着周教授晒黑的脸和粗糙的手，我们突然体会到了“川农大精神”就在我们身边，就在像周教授这些“在田间培育希望，在地里创造辉煌”的川农大人身上。

艰苦创业铸就精神

1956 年，学校从成都迁至雅安独立建校。一批川农大人艰苦创业，白手起家，干出了一番大事业。

20 世纪 60 年代开始从事水稻研究时，中国工程院院士周开达经常是犁田、挑粪、栽种、观察、收割样样都干。为加快育种，周开达一年中分别要在雅安、南宁和海南岛种三季水稻，为赶时间，连泡种都在火车上进行。最苦的是观察花粉，必须在太阳最烈的时候进行，一季试验下来，周开达全身被晒得又黑又亮，人也瘦了一圈。最终，周开达首创了籼亚种内品种间杂交培育雄性不育系，率先探索成功杂交稻超高产育种新途径——亚种间重穗型杂交稻，第一次创造运用生态育种法选育两系杂交稻，为我国杂交水稻事业做出了突出贡献。

在今年 9 月结束的“第 9 届国际山羊学术大会”上，徐刚毅教授被选为新一届国际山羊学会理事会理事。这是我国继 1992 年之后的首位理事。原来，中国有山羊两亿只，是全球山羊数量最多的国家。1987 年，中国首次参加“第 4 届国际山羊学术大会”时，却因参会人数最少、提交论文最少的原因，大会否决了下届大会在中国召开的提议。

“‘山羊大国’说不起话，我们倍感惭愧。”从此，徐刚毅教授带领课题组为完成“天府肉羊新品系培育及配套生产技术”的研究，翻山越岭、蹚水过桥。“山羊走的路，我都走过。”徐教授笑言。

1997 年，徐刚毅参加“长江中上游生态重建”课题研究。在海拔 1000 多米的二郎山深山沟里，没路、没电、没安全饮用水、电话不通，有的只是朝夕相处的几十只山羊。渴了喝口溪水，饿了吃包干粮。“我们坚守了两年多，获得了多项科研数据。”

在采访中我们深深感到，川农大取得的成果，是川农大人从田地里踩出来的，从畜禽舍里蹲出来的，从山林里钻出来的。

社会责任彰显精神

在雨城区草坝镇四川省原种水禽场，一间间鸭舍紧邻而居，上万只鸭子正悠闲地吃着“午饭”。

这里，既是川农大的“水禽专家大院”，也是全省最大的水禽基地。基地的建立，在草坝镇形成了和水禽相关的孵抱、养殖、饲料销售等 9 大产业，形成年产约 20 万只父母代、4500 万只商品代的规模，约占四川集约化养鸭业市场份额的 2/3，并覆盖川、渝、滇、桂等 10 多个省、市、自治区。

像这样的“水禽专家大院”，川农大已建立起了 26 个。以“专家大院”为载体，老师们把成果带入企业，培育基地，带动产业，把科技传播到千家万户。3 年来，“专家大院”开展科技培训 130 余期，企业实现销售收入近 3 亿元，建立示范户 9400 户，人均年收入增加 550 元。

在川农大采访，记者所接触到的每一个川农大人身上都洋溢着报国兴农的强烈使命感和责任感。据了解，川农大有 91％的人出国留学后都回了国。高回归率带来的是不可小觑的成果。改革开放以来，川农大获国家技术发明一等奖 2 项、二等奖 2 项，国家自然科学二等奖 1 项，国家科技进步二等奖 9 项，省（区）科技进步特等奖项 4 项、一等奖 32 项。20 多年来，川农大在全国的近 20 个省、市、自治区，先后推广科技成果 300 多项，创社会经济效益 600 多亿元。

灾后重建弘扬精神

“5·12”汶川大地震发生后，处于重灾区的川农大在积极开展抗震救灾的同时，还迅速以科技和人才智力支援灾区恢复重建。

5 月 13 日 21 时，在从成都赶回雅安的路上，川农大动物营养所教授王之盛借助车内微弱灯光，在笔记本电脑上完成《四川地震对奶牛产业的损失情况》专题报告。距大地震发生仅 30 个小时，王之盛便汇总了绵阳、成都、阿坝等重灾区的奶牛产业受灾资料。次日一早，该报告上报农业部，为上级决策提供了第一手资料。

学校认真安排、精心组织了具有丰富实践经验的专家教师，在震后 10 天内就编写出了《水稻救灾应急技术措施》《马铃薯抗震减灾建议措施》等涉及灾后农业生产、生态恢复、重建应急技术资料十余万份发到灾区，指导全省灾后农业生产工作。科技部为此专门发来感谢信。

震后不久，川农大成立了由党委书记、校长文心田任组长的领导小组，全国著名玉米专家、72 岁的荣廷昭院士任专家小组组长，成员包括各学科知名专家，开始全面指导灾区农业生产、生态恢复与重建工作。

情倾祖国，心系灾区。在川农大人身上，我们看到了“一腔对党和国家赤胆忠诚的报国之志，一种艰苦奋斗不辞劳苦的奉献精神”。

《四川日报》：把根深深扎在土地里

——解读新时期的“川农大精神”（下）

2008年11月11日　张守帅　江芸涵　王飞

改革开放30年间，四川农业大学为我国动植物品种库贡献新品种近200个，产出各级各类科技成果494项。“从1978年算起，学校获得的各级各类纵向科研经费大约3亿元，但推广成果产生的社会经济效益却高达600多亿元！”让川农大科技处处长张健引以为豪的是，如此高的投入产出比，在全国高校中是一流的。

“川农大通过科学研究，把人才培养、社会服务衔接起来，而贯穿其中的是求实创新。”该校党委书记、校长文心田说，学校总体发展的核心目标之一，就是要把学校建成农业科技的研发基地、先进文化的培育基地和高素质创新人才的培养基地。

“顶天”上水平　“立地”搞推广

“我们立足于土地，研究农业生产实际中最迫切需要解决的问题。”文心田说，全校科研立项中应用研究占70%左右，“学校科研不能落后于时代，要‘顶天’上水平，也要‘立地’应用推广，但无论怎么上天，我们总要回到土地，我们的根在土地上。”

畜禽新品种“天府肉鸭”自投放市场来，已形成年产20多万只父母代、4000~4500万只商品代的规模，覆盖西南数省，占到四川集约化养鸭市场份额的70%以上。“沿海一带的人喜欢吃鸭煲，要求鸭子不能太肥，而西南恰恰相反，肥鸭子才能烤出味道来。因此，要根据不同的市场需求，培育不同品种。”在一直从事“天府肉鸭”研究的王林全教授的带动下，雅安市雨城区草坝镇年出栏肉鸭200多万只，全镇2.3万人，有67%从事肉鸭养殖及相关产业，去年全镇人均收入达到4650元。要“扎根土地”，就要“有所为，有所不为”。川农大紧密结合农村经济发展需求，用基础研究的进展指导应用研究，从应用研究中发现基础研究的新方向，处理好了“顶天”与“立地”的关系。目前，在全国高校中，只有川农大和清华大学，两次获得了国家技术发明奖一等奖。

拓展思路　各方“双赢”

做科学研究，就怕没有经费支持，更怕研究成果被束之高阁。动物营养研究所教授陈代文曾为之犯愁：一边是农牧业迅速发展，出现了一系列技术、管理方面的困难；一边是科研人员有很多的科技项目和成果缺乏转化资金。

“博士科研工作站”，改变了动物营养研究所科研经费的状况。“企业出经费，学校出人员，大家共同技术攻关，在攻关中出人才、成果和效益。”陈代文说，研究所先后在华西希望集团、铁骑力士集团和通威集团，建立了博士工作站，仅“十五”期间，企业就提供了800多万元的研究经费，目前已有8名博士和19名硕士在站内完成了学业。“由于与企业紧密结合，研究成果转化就更为容易了。”研究所与铁骑力士集团共同研究“无公害鸡蛋标准化生产过程控制技术”，生产的“圣迪乐”牌无公害鸡蛋供不应求。

校企、校地合作仅仅是成果转化的一种途径，川农大还在不断拓展思路。他们正把新的发展思维，应用到与雅安市共建的农业科技园区上。按照规划，科研成果将通过“三级园区”得以转化和推广：初步科研成果在“学校科研园”原创产生，部分进入“地方孵化园”进行孵化，多面手辐射到“县（区）示范园”推广应用。这样，就建立起学校科技成果—地方（企业）—市场需求之间的良性互动和反馈机制。

此外，还有首席专家领办企业或在公司任职，有专家和企业联合出资建立股份制民办经济实体，有专家技术入股，有专家有偿服务、利润分成，这些运行模式以市场为导向开展互利合作，实现双赢。

做“策动基地” 推“三农”发展

“川农大致力于成为增加农民收入和发展农村经济的第一推动力的策动基地。”该校党委副书记、四川农村发展研究中心主任邓良基，最近完成了四川农业科技增产增收潜力的研究。他认为，我省农业优势产业、特色产业和新兴产业，通过品种、生产、加工、循环高效利用等高新技术的集成、攻关和产业化发展，增产增收潜力在2000亿元以上，到2012年第一产业增加值可达1200多亿元，农业科技贡献率增加3%～5%。

“川农大既要对新农村建设和农业发展建言献策，为农业产业化培养人才，还要对挖掘农业潜力准备相应的技术支持。”川农大的科研课题申报，正在形成“技术链支撑产业链”的局面，从育种、栽培到加工、营销，甚至更加精细的环节，川农大都有研究课题涉及。

学校正利用信息技术，最大范围地传播农业科技。由星火科技网、电视网络专家系统、农业短信服务平台和声讯服务系统组成的“农业科技110”，不仅传播农业科技，还建立了农产品市场信息系统，为农民提供最新的市场行情，增加了农民对农业生产的计划性，有效促进了农产品的流通，增加了农民收入。目前，星火科技网累计点击率突破28万多次，声讯服务平台接待来电累计13万人次。

基层组织：坚强的堡垒

党的基层组织是党的战斗堡垒，学校党委始终把基层组织建设工作放在极为重要的位置，早谋划、早部署、早落实、早推进，先后开展了4次党建工作情况大调研，深入摸清学校基层组织建设情况。2018年以来，通过提升党建制度体系建设质量，优化组织体系建设结构，提升队伍体系建设力量，凝聚学习体系建设合力，强化保障体系建设力度，大力加强基层组织建设，构建起学校党委、二级党组织、党支部、党员“四位一体”的党建工作体系，实施党建百万工程，组织实施书记创新项目、“双带头人”培育、党员示范引领和关爱帮扶“四大品牌计划”，不断提升基层党组织的政治功能和组织力。涌现出了全国先进基层党组织、全国党建工作样板支部等典型。

全国先进基层党组织：动物营养研究所党委

动物营养研究所教工党支部

动物营养研究所获评全国先进基层党组织

动物营养研究所（以下简称“营养所”）成立于1986年，主要承担国家重点学科、“双一流”建设学科——动物营养与饲料科学的人才培养、科学研究和社会服务工作。所党委传承弘扬“川农大精神”和“奉献、协作、求实、创新”的营养所团队精神，构建党建与中心工作目标、过程、结果有机融合，以一流党建，促进锻造一流团队、培养一流人才、产出一流成果、提供一流服务、建设一流学科新格局的“1统领2弘扬3融合4促进”融合式党建模式，充分发挥基层党组织的战斗堡垒作用，为推动事业发展提供了有力的组织保障。

营养所先后获评全国教育系统先进集体、全省高校党组织“对标争先”计划标杆院系培育单位和首届新时代高校十大基层党组织实践案例。在建党 100 周年之际，荣获全国先进基层党组织，全省仅有 23 个基层党组织获此殊荣。

动物营养研究所猪营养创新团队

家禽营养创新团队

反刍动物营养创新团队

水产动物营养创新团队

饲料科学创新团队

2017 年，四川农业大学动物营养研究所与法国安迪苏公司共建营养与健康创新研究中心

对标一流，提升原始创新能力。以国家重大战略需求和产业问题为导向，营养所组建了 6 个科研团队，进行了大量创新性研究，取得了一批关乎人与动物健康的标志性成果。母仔猪一体化营养、动物抗病营养、淡水鱼营养等三个领域的科研水平达到国际一流、国内领先水平。

心系三农，争做强农兴农先锋。营养所与新希望、广东温氏等 31 家大中型企业和地方政府共建博士工作站、研究中心和产业研究院，研发新产品、推广新技术、转化新成果，校企合作模式入选教育部《中国高校与大型企业合作典型案例集》。近 5 年，新增校企（地）共建博士工作站、产业研究院等 20 个；开展横向合作项目 278 项，到校合作经费 4544 万元；组织参加科技研讨培训 76 场次，8000 多人次参会；转化科技成果 30 多项，研制新产品 16 个，企业新增产值超 100 亿元，创造了显著的经济和社会效益。2017 年，法国安迪苏公司将全球唯一的猪营养研发中心——“营养与健康创新研究中心”落户营养所，3 年累计资助 750 万元，成为养殖业“产学研”国际合作模式的新典范。

全国党建工作样板支部：园艺学院园艺系教工党支部

2018 年 12 月，园艺系教工党支部获批全国党建工作样板支部。学校和学院党委高度重视支部建设。校党委书记庄天慧多次亲临支部指导，学校党委各部门大力支持，学院党委部署谋划，形成了“校党委—院党委—党支部”三级联动抓样板创建的工作机制。支部构建了“平台+双党课”的农业高校党建模式，以党建创新带动“科技助农”模式创新，将党建工作延伸到乡村，特别是贫困地区。支部围绕学校立德树人、教书育人、科技研发和社会服务等中心工作，将党建工作与学科专业深度融合，逐渐探索出系列“党建+”工作模式，建立起以“园艺教与学 3+N”“园艺专业面对面”“共筑园艺梦”等为主要内容的“党建+育人”模式；构建“高校+地方科技部门+企业或合作社”三方联动的“党建+科研”项目联盟；建立“党建+扶贫（乡村振兴）”示范基地，并配套建立了“党员专家教授+党员技术服务队+果农”的农业科技“分层梯度”推广模式，有效促进支部与学科专业协调发展。支部建设得到时任四川省委组织部部长王正谱同志的肯定，2020 年荣获“四川省五四青年奖章集体”。同时，应四川省委教育工委等单位的邀请，支部书记龚荣高教授多次为全省高校党务工作者示范培训班等作专题讲座。2021 年，教育部公示了首批全国党建工作样板支部培育创建单位验收结果，园艺系教工党支部成功通过创建验收。

园艺专业活动

园艺学院团队

党建基地创立了“汉源甜樱桃”“汶川脆李”等 5 个农产品品牌，汉源和汶川党建示范基地果农户均分别增收 3 万和 2 万多元，带动汉源县、汶川县仅甜樱桃和脆李产业分别达到 20 亿元和 5 亿多元，极大地助推了区域产业发展、脱贫攻坚和乡村振兴工作。

全国党建工作样板支部：环境学院教工生态党支部

环境学院教工生态党支部

作为第二批全国党建工作样板支部创建单位，环境学院教工生态党支部通过“党建＋绿色发展”“党建＋价值引领”“党建＋文化实践”“党建＋双一流建设”，推进全方位“党建＋”模式，在打好污染防治攻坚战、助力美丽新环境建设上做出自己的贡献。

支部成员积极参与“利用亚洲开发银行贷款农业综合开发长江绿色生态长廊项目”、盐源县生态环境“十四五规划”，以及西昌喜德县中坝村山火之后的环境影响、生态修复和灾后重建等工作，借助智慧环保平台，推动“温江区生态产品价值核算理论与方法研究”“温江区生态价值实现关键技术与应用”等科研服务项目落地。同时，结合“生态先锋论坛”和“绿创未来”系列活动，强化生态文化宣传，传播绿色环保理念。支部还积极探索“专业共建”模式，与当地企业联合搭建研究平台，共同在人才培养、实习就业、职业培训、科技研发等领域全面开展工作，立足地方和区域行业特点，针对实际问题，进一步凝练学科方向和特色，挖掘自身的不可替代性，用实际行动让生态环境学科“立地”。

四川省百年百杰科学家

2021 年，由四川省科协联合省教育厅、交通运输厅、农业农村厅、中科院成都分院等单位共同举办致敬“四川百年百杰科学家”活动，120 名在川工作过的科学家入选。其中，院士代表人选 99 人，川农大周开达、荣廷昭两位院士名列其中；除院士外的代表人选 21 人，川农大杨凤、杨开渠、杨允奎、颜济 4 位教授入选。

杨开渠

杨允奎

杨　凤

颜　济

周开达

荣廷昭

优秀党员：先锋模范

每一名共产党员都是一面鲜红的旗帜，用赤诚的情怀抒写忠诚和担当。在川农历史发展的长河中，有许多优秀的共产党员发挥了先锋模范作用，培育英才情系家国、致力科研勇于创新、服务“三农”当仁不让，让党徽在丰收的田园熠熠生辉。

全国先进工作者风采

颜济：从飞行员到小麦育种专家

颜 济

颜济（1924—2021），四川成都人，四川农业大学作物遗传育种学科首位博士导师，四川农业大学小麦研究所首任所长，国家杰出高级专家，享受国务院政府特殊津贴专家。颜济教授是我国杰出的小麦育种专家，他一生勤于治学，潜精研思，在细胞遗传理论和小麦育种方面取得了重大成就，获得了重大成果，为小麦族种质资源研究和四川小麦品种选育以及粮食生产、农民增收致富做出了杰出贡献，被评为全国先进工作者。2021年人选“四川百年百杰科学家”。

1942年，颜济考入华西协合大学牙医学院，如果不出意外，他会成为一名出色的牙科医生。但动荡时期，个人的命运也跌宕起伏。面对日本侵略者的铁蹄，颜济暂时放下当医生的念头，投笔从戎，考进空军军校，成为一名飞行员。抗战胜利后，年轻的飞行员重返校园。

这一次，他选择了华西协合大学农学系。自20世纪50年代初开始从事发育形态和发育遗传基础研究以来，颜济教授提出四川小麦育种与资源建设的“三级跳”目标。选育的“雅安早”“大头黄”“竹叶青”等“62 型”品种，与当时意大利品种水平相当，打破当时意大利品种一统天下的局面，把当时的小麦亩产由 150～200 千克提高到 250～300 千克，使四川小麦生产上了一个台阶。选育的“繁六”及姊妹系具有高产、抗病、早熟、矮秆等优良特性，满足了多熟制要求，改变了四川麦区的耕作制，具有 13 个条锈菌小种、20 个生理型的抗性基因，使其 20 年保持抗性不衰，成为世界上一个能长期抗条锈、大面积栽培的典范品种，在育种上被广泛应用并衍生了一大批良种。“繁六”及其衍生品种把四川小麦产量由 250～300 千克提高到 350～400 千克，使四川小麦生产又上了一个台阶。“小麦高产抗锈的优良种质资源繁六及姊妹系”荣获 1990 年国家技术发明奖一等奖。

发明证书

为了表彰在科学技术现代化方面作出重大贡献的发明者，特颁发此证书，以资鼓励。

宋健

“小麦高产抗锈的优良种质资源繁六及姊妹系”
荣获 1990 年国家技术发明奖一等奖

颜济（中）、杨俊良（左二）与学生在一起

颜济（右一）在田间调查

自 1983—1998 年 15 年间，颜济及夫人杨俊良教授带领学生和助手们系统地对我国新疆、西藏、陕西等 16 个省区和美国、加拿大、澳大利亚等国家进行了野外实地调查。其间，深入新疆荒漠 10 次，登上青藏高原 18 次。

他对小麦族种质资源研究做出了卓越贡献。“小麦族种质资源研究”项目获得 2000

年国家自然科学奖二等奖。通过该项目，收集和保存小麦族 21 属 193 种 35 变种 6000 多份材料，建立了小麦族种质资源库和小麦族植物标本室，建立了小麦族新属 2 个"Kengyilia"和"Douglasdeweya"；发表新种 10 个，新组合 17 个，新分布 6 个，新细胞型 10 个；首次报道小麦族 40 个物种的染色体数目，25 个物种的核型，14 个物种的染色体组组成；发现和定位出控制重要育种目标的新基因 21 个，命名的新基因 4 个；创制了一批特异小麦新材料。

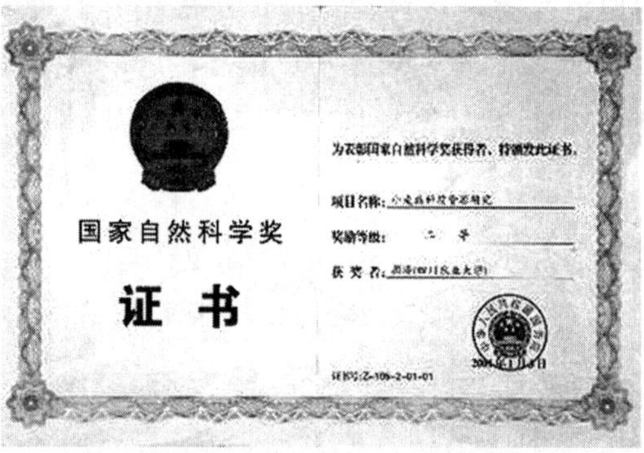

"小麦族种质资源研究"项目获得 2000 年
国家自然科学奖二等奖

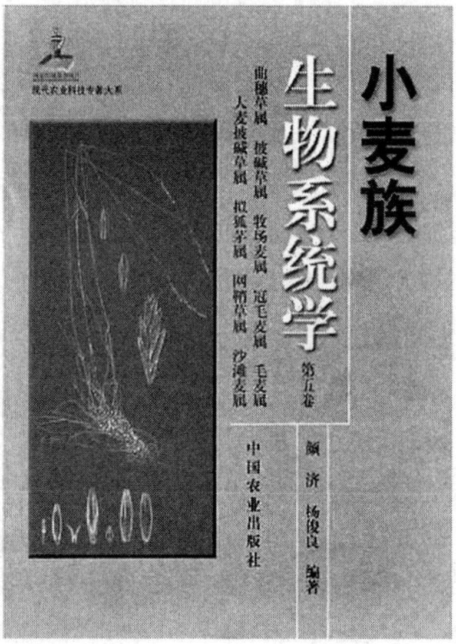

《小麦族生物系统学》封面

资料来源：书籍《小麦族生物系统学》

颜济和杨俊良花费近 20 年编著的《小麦族生物系统学》，是当今全世界唯一的全面总结小麦族生物系统学研究成果的专著。订正了 Áskell Löve 创立的以染色体组为基础的小麦族系统。2017 年出版的《高等植物器官结构的构成》一书，更为作物株型设计育种提供了思路。在长期的教育生涯中，颜济教授承担了大量的本科、硕士和博士生课程教学任务，指导和培养了博士和硕士 20 多名，其中在四川工作的 6 人全部成为本领域的学术技术带头人。

周开达：让大家都能吃上白米饭

周开达

周开达（1933—2013），中国工程院院士，全国著名水稻育种专家，被誉为“西南杂交稻之父”。周开达长期从事作物育种与教学工作，在杂交稻育种理论和方法及应用方面做出了重大贡献。首创了籼亚种内品种间杂交培育雄性不育系的技术和方法，培育出的冈·D型杂交稻推广3.048亿亩，增产稻谷228.58亿千克，创社会经济效益320亿元。他提出亚种间重穗型水稻育种的新理论和方法，育成Ⅱ优6078等重穗型杂交稻，比汕优63增产10%以上，育种思路已被水稻界广泛接受和应用，成为指导西南及杂交中稻区水稻超高产育种的重要技术路线之一。他探索出水稻无融合生殖固定杂种优势的新方法，发掘出大量的特异种质资源，其中的“基因型早代稳定”，特异基因资源成为杂种优势利用新途径的关键资源，为提高育种效率和籼粳杂种优势利用奠定了重要基础。在两系法水稻育种方面，他在国内率先提出“利用生态育种法选育光温敏两用核不育系”，应用生态育种技术，解决了长江中上游地区两系杂交稻选育的难题。该方法已成为两系杂交稻选育的常用方法。周开达培育了20多个杂交水稻新组合，在四川建立了卓有成效的良种繁育推广体系。他先后被评为国家有突出贡献的专家、全国先进工作者、四川省劳动模范，先后获国家发明奖一等奖（四川省首个该奖项获得者）、国家科技进步奖二等奖等部省级以上成果奖23项。2021年入选“四川百年百杰科学家”。

周开达院士说：“搞科研，就要像谈恋爱那样，要经常看，经常观察，多培养感情。”每年到海南南繁基地，他就像《西游记》里的沙僧一样，挑着两个大箱子，一头放着育种的材料和种子，一头放着简单的衣物和干粮。即使研究的条件艰苦，他也乐在其中。

1933 年，周开达出生在重庆市江津县先锋乡晓堂村。在动荡的岁月中成长，他的童年和饥饿形影相随。顿顿大口吃白米饭是少年周开达最奢侈的梦想。就是在这样艰苦的岁月里，“远离饥饿，让大家都能吃上白米饭”成为周开达内心深处的信念，也成为他日后从事水稻育种研究的目标。

周达开在南繁基地

周开达院士获国家发明奖一等奖

周开达当选中国工程院院士

光是育种远远不够，他深知把新种推广出去，才能实实在在给农民带来效益。为加速杂交稻产业化进程，建立卓有成效的良种繁育推广体系，他成立了我国第一个民间科研成果推广组织“四川冈・D 型杂交稻协作组”，有 15 个省（市、自治区）、100 多个单位参加，为冈・D 型杂交稻的试验、示范和推广应用起到了重要的作用，推广 3 亿多亩，创造了巨大的社会经济效益。1999 年 11 月周开达教授当选为中国工程院院士，成为四川第一个农业院士。

周开达院士参加校运会

周开达院士不仅实现了自己年少时候的梦想，让大家都吃上了白米饭，更助力国家把粮食安全的饭碗牢牢地攥在了我们自己手里。

荣廷昭：为兴农富农强农奋战到底

荣廷昭

荣廷昭（1936—），中国工程院院士，作物遗传育种专家。已培养硕、博士50多名；先后承担科技部、农业部、教育部、四川省和国际合作等重大科研项目30多项，对玉米数量性状遗传及育种方法进行了较系统深入的研究。设计并成功实施了自交系、杂交种选育与群体遗传组成研究、群体改良同步进行的育种新方法，提出了西南地区玉米育种利用热带种质的新途径，结合西南实际情况对传统育种方法进行了改良，多途径培育出雄性不育等育种新材料，筛选到了西南玉米转基因工程育种急需的优良受体自交系并成功利用。选育了集高配合力、高产、高抗多种病害于一体的玉米自交系10多个和经过国家或省级审定的杂交种50多个，累计推广近亿亩，新增玉米50多亿千克。此外，为解决在南方发展草食性畜牧业所面临的饲料短缺矛盾，培育创制出能提高与近缘属种远缘杂交结实率的新材料068，进而组配出生长繁茂，抗逆能力强，有的还具有多年生性能并具保持水土功能的新型饲草玉米品种，取得了显著的经济、社会和生态效益。作为第一获奖人获国家技术发明奖二等奖2项，四川省科技进步奖一、二等奖5项。先后被评为全国模范教师、全国科技成果推广先进个人和全国先进工作者，荣获四川首届创新人才奖和四川第二届科技杰出贡献奖。2021年入选“四川百年百杰科学家”。

“西南地区玉米杂交育种第四轮骨干自交系 18－599 和 08－641”项目主研人员

从小饱受生活艰辛的荣廷昭深知农民的困难和粮食对于农民的重大意义，最大的愿望莫过于多收获点粮食。1953 年在党和政府的培养下，17 岁的荣廷昭从江津园艺学校毕业，就在等待分配工作之际被选送报考大学，顺利考入四川大学农学院。在校学习期间，他立志要为农业服务、为农民服务一辈子。当时在我国，尤其是四川地区的玉米产量极低，农家也没有什么像样的品种，农民花费大量的时间和精力种植，却收获甚微。荣廷昭便暗下决心：一定要培育出自己的优良品种。

1957 年，荣廷昭毕业后留校任教，师从杨允奎教授和李实贲教授，积极投身于玉米遗传育种研究。即便在“文化大革命”时期，面对育种材料完全丢失殆尽，没有试验田，也没有科研经费的困境，他也始终坚持科研工作。

经过多年的研究积累，荣廷昭将数量遗传研究与玉米育种实践相结合，创造了数量遗传研究和群体改良与自交系和杂交种选育同步进行的玉米育种新方法，开创了热带种质在温带玉米育种中应用的新途径，提出了“育种用群体”的概念和合成“育种用群体”的方法。就在常规玉米势头高歌猛进的时候，荣廷昭以超前的眼光意识到，随着人民生活水平的提高、西南地区农业生态特点及畜牧业发展的不断推进，甜糯玉米需求势必日益增强。他立即组织团队开展鲜食甜糯玉米新品种选育和玉米近缘属种间远缘杂交，利用营养体杂种优势选育出新型饲草玉米新品种，开辟了玉米育种新方向。

荣廷昭院士参加学校运动会

荣廷昭院士为校级优秀博士学位论文获得者颁发证书

目前，已 85 岁高龄的荣廷昭仍奋战在科研一线，不忘初心、牢记使命，“以老迈之躯竭尽全力，与同志们一道为兴农富农强农奋战到底。”

李仕贵：做一颗低调而饱满的水稻

李仕贵

李仕贵（1965—），教授，博士生导师，水稻研究所所长，国家杰出青年科学基金、四川省科技杰出贡献奖和何梁何利基金奖获得者，获评全国先进工作者，享受国务院政府特殊津贴专家，教育部新世纪优秀人才支持计划，全国农业科研杰出人才，四川省天府农业大师和四川省学术与技术带头人。中国遗传学会理事，中国作物学会水稻专业委员会理事，四川省遗传学会副理事长，四川省作物学会常务理事。李仕贵长期从事水稻遗传与育种研究和人才培养。针对西南稻区生态环境，李仕贵开展了水稻种质资源的深度发掘、创新和利用，定位克隆了系列有重要育种价值的新基因，改进和完善杂交稻的选育方法，形成了提高重穗型杂交稻亲本选育效率的技术体系，育成了蜀恢527和498等重穗型杂交稻骨干亲本，组配出系列重穗型杂交稻新品种，推广种植2亿多亩。他先后获国家和省部级奖励10多项，其中国家科技进步奖二等奖3项，四川省科技进步奖一等奖3项；发表论文200多篇，SCI收录60多篇。

李仕贵获优秀博士学位论文证书

作为学校首位全国百篇优秀博士论文获得者、首位国家杰出青年科学基金获得者，李仕贵身上有很多个第一，但是“该干啥干啥，踏踏实实做好本职工作”是他一贯坚持的态度。“要做一颗低调而饱满的水稻，而不是如稗子样高高扬起头颅。”这是李仕贵的座右铭，也是他一直保持谦逊低调的原因。

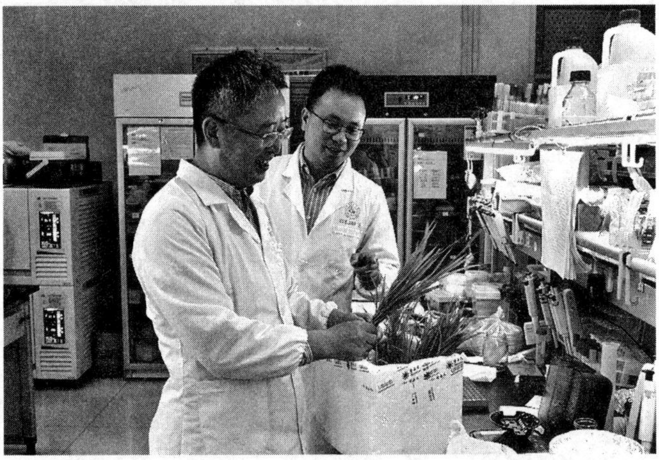

李仕贵与钦鹏在实验室讨论中

李仕贵、钦鹏研究团队及 *Cell* 文章部分作者合影

2021 年 5 月 28 日，全球顶尖学术期刊 *Cell* 在线发布了水稻研究所李仕贵与钦鹏教授团队联合中科院遗传与发育生物学研究所梁承志研究员团队完成的题为《基于 33 个水稻遗传多样性材料的泛基因组分析揭示“隐藏”的基因组变异》的研究论文。

周小秋：人家是快乐工作，我是工作快乐

周小秋

周小秋（1966—）教授，博士生导师，学校学术委员会主任；教育部高等学校教学指导委员会委员，世界华人鱼虾营养学术委员会委员，国家农业科技创新团队带头人；全国创新争先奖获得者，全国先进工作者，享受国务院政府特殊津贴专家，国家农业科研杰出人才，全国优秀科技工作者，国家现代农业产业技术体系岗位科学家，教育部新世纪优秀人才支持计划人选；四川省创新争先奖获得者，天府杰出科学家，四川省首届杰出人才奖获得者，天府农业大师，四川省学术与技术带头人。主要从事鱼的消化能力、器官健康、机体健康和商品特性的营养调控理论与技术的研究；获国家科技进步奖二等奖 2 项、四川省科技进步奖一等奖 2 项和二等奖 1 项；以第一发明人获国家授权发明专利 17 件；以第一或通讯作者在本领域国际权威期刊发表 SCI 论文 200 多篇；主编、副主编和参编著作 12 部。获国家教学成果二等奖 1 项、省教学成果一等奖 2 项，指导毕业博士和硕士研究生 130 多名。

周小秋率团队获国家科技进步奖二等奖

1990 年 7 月，研究生毕业留校工作后，周小秋发现水产动物营养研究在全国农业高校中还是一片空白，便很快锁定了个人研究方向。一切都从零起步，他却从不抱怨。周小秋说：“人家是快乐工作，我是工作快乐。工作是原因，快乐才是结果。”水产动物营养研究在学校从无到有、从弱到强的过程，正是周小秋追求快乐的过程。“一个人要做到忠于自己的选择，从中修炼自己的意志力。”“困难和难题是成长的发动机，成长的

过程就是克服一个又一个困难和解决一个又一个难题的过程。”周老师的这些金句已经成为激励一代又一代学生的座右铭。

2020 年，周小秋教授荣获全国先进工作者称号，并在人民大会堂接受党和国家领导人的表彰。

周小秋荣获“先进工作者称号”

周小秋教授长期致力于淡水鱼类营养研究，以第一完成人主持项目获国家科技进步奖二等奖 2 项。主持的科研成果“草鱼健康养殖营养技术创新与应用”荣获 2019 年度国家科技进步奖二等奖。据统计数据，“草鱼健康养殖营养技术创新与应用”在全国 16 省（区、市）45 家企业推广应用，使草鱼的发病率、死亡率、用药成本、氮磷排出分别降低 73％、84％、73％、16％以上。该技术使养殖企业的生产效益提高 16％以上。通过营养调控大幅增强草鱼健康，降低用药量，也就降低了食用鱼体内的药物残留，保障了鱼产品安全，取得重大的经济、社会和生态效益。

他主持的科研成果“建鲤健康养殖的系统营养技术及其在淡水鱼上的应用”获 2013 年度国家科技进步奖二等奖。该技术的运用使鱼类的发病率下降 70％以上，更重要的是这种营养调控大幅降低了养殖用药量，完全可以不用抗生素，大大降低了食用鱼体内的药物残留，保障了食品安全。这项研究成果在全国 10 多个省（区、市）86 家饲料企业推广，获经济效益 101.39 亿元。

群星闪耀

一花独放不是春，万紫千红春满园。

学校每一位共产党员都勇于发扬亮剑精神，以“向我看齐”为标准，在教学科研等各项工作中留下了诸多可圈可点的高光时刻。

全国教学名师、动物免疫营养研究专家陈代文

陈代文

陈代文，教授、博士生导师，学校党委常委、副校长。国家级教学名师，四川省学术和技术带头人，国家现代农业产业技术体系岗位科学家。曾任国务院学位委员会学科评议组成员、中国畜牧兽医学会动物营养学分会理事长。现任教育部动物抗病营养重点实验室主任、全国饲料评审专家委员会副主任、四川省饲料工业协会会长。陈代文从事猪营养教学科研和人才培养工作，研究领域为营养与免疫。经过 30 多年研究，他创建了免疫营养原理和技术体系，建立了猪免疫营养需求参数，成为我国生猪安全、健康养殖的突破性技术。他主持的项目获国家科学技术进步奖二等奖 2 项，主持主研项目获省部级一等奖 3 项，其他奖 10 项；先后荣获四川省科技杰出贡献奖、中国工程院光华工程科技奖。他培养的毕业研究生 150 多名，其中博士 50 多名，2 篇博士论文获全国优秀博士论文提名奖。

全国高校黄大年式教师团队负责人程安春

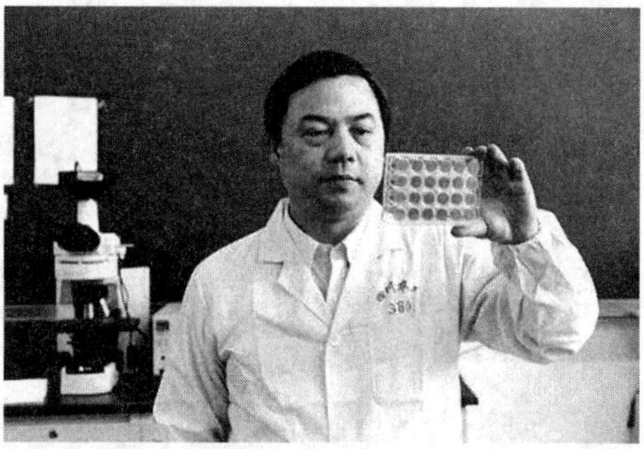

程安春

程安春，教授，博士生导师，动物医学院院长。天府杰出科学家、四川省学术和技术带头人、国家现代农业产业技术体系岗位科学家、农业部农业科研杰出人才。程安春从事动物传染病学教学和研究工作，主持的项目获国家技术发明奖二等奖1项，省部级一等奖6项、二等奖3项。2008年，他带领的“西南动物流行性疾病发生及免疫防治机理”研究群体入选教育部创新团队。他一直推崇旺炉理论，“一个熊熊燃烧的火炉，即使投入一块湿毛巾进去，也会燃烧起来。”为了把炉火烧旺，他率先垂范，带领团队首创“鸭传染性浆膜炎灭活疫苗”，获得国家一类新兽药证书，成为国际上第一个研制成功并广泛应用于预防鸭传染性浆膜炎的疫苗；突破关键技术瓶颈，获批为国家二类新兽药的鸭病毒性肝炎弱毒活疫苗，为有效预防该病的发生提供了重要的技术手段。团队研究成果转化用于我国动物养殖业的疾病预防超过100亿头（只），经济社会和生态效益显著。

新秀风采

◉陈学伟，教授，博士生导师。西南作物基因资源发掘与利用国家重点实验室主任，中国植物病理学会会士，四川省植物病理学会副理事长，四川省细胞与生物化学学会副理事长。在 *Journal of Integrative Plant Biology*、*Phytopathology Research*、*Stress Biology*、植物学报等杂志任编委。享受国务院政府特殊津贴专家，国家高层次人才特殊支持计划领军人才、科技部“创新人才推进计划”中青年科技创新领军人才、教育部“新世纪优秀人才”。获 2020 年度四川省科技进步自然科学类一等奖、四川省第二届杰出人才奖、全国首届“科学探索奖”，获评 2018 年度“四川教师风采”典型代表。陈学伟长期致力于水稻重大病害抗性机制与应用研究，先后主持国家和省部级科研项目 20 多项。在 *Cell*、*Science*、*Nature Microbiology*、*PNAS* 等主流期刊发表 SCI 论文 76 篇，部分研究成果获 2017 年度“中国生命科学十大进展”、2017 年度“中国农业科学重大进展”和 2018 年度“中国农业科学重大进展”。主研选育水稻新品种 24 个，其中国家级审定品种 13 个。

陈学伟

◉方正锋，教授，博士生导师。中国畜牧兽医学会动物营养分会副秘书长。四川省学术和技术带头人。方正锋长期从事畜产品安全生产与营养健康方面的科研工作，先后主持国家自然科学基金、四川省杰出青年基金和国际国内科研合作项目多项，已在本领域 *Journal of Animal Science*，*American Journal of Physiology - Gastrointestinal and Liver Physiology* 等知名学术期刊发表论文 150 多篇，获全国优秀博士学位论文提名奖、霍英东青年教师奖、颐和青年成就奖、青年教师讲课竞赛一等奖、四川省科技进步奖一等奖、国家科技进步奖二等奖、国家级教学成果二等奖等省部级以上奖励 10 多项，参编教材和著作 4 部，荣获社会服务（扶贫）先进个人、研究生就业先进导师等荣誉称号。

方正锋

◉王际睿，教授，博士生导师。四川农业大学一加拿大农业部联合培养博士，2008 年获四川农业大学作物遗传育种博士学位，美国加州大学一戴维斯博士后。国家 973 计划项目（青年）首席科学家、四川省学术技术带头人、突出贡献专家；第 13 届、14 届

“国际谷物穗发芽大会”主席；国际种子科学学会会员、会刊 *Seed Science Research* 特邀编辑，*Agronomy* 编辑。王际睿主要从事作物种子发育－萌发研究。鉴定出 PGS1、PHS－3D 等控制作物种子发育萌发的关键调控因子；解析穗发芽与老化引起作物品质劣化的机制，并明确温度胁迫对籽粒颜色及萌发的影响；从中国地方小麦、节节麦、野生大麦资源中挖掘抗穗发芽基因并用于抗性育种。在 *Mol Plant*、*Plant Biotech J*、*New Phyto*、*PNAS*、*Cell* 等杂志发表论文 60 多篇；获四川省科技进步奖一等奖 2 项、四川省青年科技奖；获授权发明专利 2 件，制定地方标准 6 项，参与作物新品种选育 2 个；培养毕业研究生 13 名，其中博士 5 名。

王际睿

◉李明洲，教授，博士生导师。享受国务院政府特殊津贴专家，获国家有突出贡献中青年专家称号、国家自然科学基金“优秀青年科学基金”、中国青年科技奖、四川省“五四青年”奖章、四川省青年科技奖，四川省学术和技术带头人、四川省有突出贡献的优秀专家。李明洲主要从事猪遗传育种研究，在 *Nature Genetics* 等国际知名期刊发表 SCI 论文 130 多篇，获国家专利授权 14 项。先后主持国家及省部级项目 20 多项。主持的研究成果入选 2017 年“中国农业科学重大进展”。主研项目获四川省科技进步奖一等奖 1 项，国家教学成果二等奖、四川省教学成果一等奖各 1 项。现为四川省青年联合会副主席、中国青年科技工作者协会理事、《遗传》编委等。

李明洲

◉李伟滔，教授，博士生导师。四川省学术和技术带头人，霍英东教育基金获得者，荣获“四川省杰出青年科技人才称号”和“第十四届四川省青年科技奖”等。李伟滔主要从事水稻与稻瘟菌互作机理的研究，为培育高抗水稻品种提供理论基础。在 *Cell*、*New Phytologist* 等学术期刊发表研究论文 30 多篇。获评细胞出版社 (Cell Press)“2017 中国年度论文”和 2019 年中国植物生理与植物分子生物学学会优秀论文奖。获四川省科技进步奖（自然科学类）一等奖 1 项。研究成果入选 2017 年度“中国生命科学领域十大进展”“2017 年中国农业科学重大进展”。

李伟滔

◉陈舜，教授，博士生导师。获教育部“霍英东教育基金会高等院校青年教师奖”、首届四川省“新青年”荣誉。陈舜长期从事水禽传染病病原学基础研究和应用基础研究，主持国家自然科学基金、四川省科技厅青年基金、四川省科技厅国际科技合作项目等国家级和省部级科研项目。主研成果获国家二类新兽药证书。参编国家重点出版物专著《鸭标准化规模养殖图册》和国家出版基金项目资助出版《鸭瘟》专著。以第一或通讯作者在 *Pharmacology & Therapeutics*、*Journal of Virology*、*Journal of Immunology*、*Veterinary Research* 等 SCI 期刊发表学术论文 67 篇，在畜牧兽医学报、病毒学报等 CSCD-C 期刊发表论文 11 篇。其中，中科院分区大类 TOP 期刊 13 篇，代表作最高影响因子 10.557。获国家二类新兽药证书 1 项，获得国家发明专利 4 项，主研项目获国家技术发明奖二等奖、教育部技术发明奖一等奖、四川省科学技术进步奖二等奖，荣获神农中华农业科技奖优秀创新团队奖、神农中华农业科技奖科学普及奖。

陈　舜

◉贺闽，教授，博士生导师。主要从事水稻稻瘟菌致病机理的解析和绿色防控靶点及药物的开发应用，在 *Nature Microbiology*、*Autophagy*、植物学报等国内外学术期刊发表论文 30 多篇，获 2020 年度四川省科技进步奖（自然科学类）一等奖，参与培育水稻国家级审定新品种 4 个，获得授权的国家发明专利 2 项。多篇论文被 F1000 推荐为新发现，研究成果获 2021 川渝科技学术大会优秀论文一等奖。

贺　闽

◉卢艳丽，教授，博士生导师。荣获全国优秀博士学位论文奖、国家自然科学基金“优秀青年科学基金”、中国青年科技奖、中国青年女科学家个人奖和四川省三八红旗手称号，享受国务院政府特殊津贴专家，四川省学术和技术带头人。卢艳丽主要从事玉米抗逆生物学与分子育种科研及教学工作，在 *PNAS*、*Nucleic Acids Research* 等国内外主流期刊发表文章 50 多篇，参编教材、专著 3 部，授权国家发明专利 6 项，主研选育玉米新品种 10 个，获四川省科技进步奖一等奖 1 项、二等奖 1 项。长期担任国内外 10 多家期刊的审稿人和《作物学报》的编委。先后主持国家自然科学基金国际合作项目、重点项目等 20 多项国家和省部级科研项目。

卢艳丽

冯　琳

◉冯琳，教授，博士生导师。国家自然科学基金“优秀青年科学基金”获得者，国家有突出贡献中青年专家，享受国务院政府特殊津贴专家，四川省学术与技术带头人；获四川省三八红旗手、中国青年女科学家个人奖、中国水产青年科技奖、霍英东青年教师奖；任中国动物营养学分会副秘书长、四川省科技青年联合会副主席。冯琳主要聚焦鱼的营养与免疫、鱼的营养与鱼肉品质领域的研究。先后主持国家自然科学基金、国家重点研发计划子课题、四川省青年科技创新团队等国家及省部级科研项目 20 多项；获国家科技进步奖二等奖 2 项，四川省科技进步奖一等奖 2 项、二等奖 1 项；以第一或通讯作者发表 SCI 收录论文 100 多篇，其中 ESI 全球热点论文 3 篇；参编国际权威著作 *Fish Nutrition 4th Edition*；获授权国家发明专利 17 项。

王　静

◉王静，教授，博士生导师。国家自然科学基金“优秀青年科学基金”、霍英东教育基金、四川省杰出青年科技人才基金等人才项目的获得者，四川省学术和技术带头人。获第一届全国作物学学科青年论坛特等奖、第三届中国作物学青年科技奖、第十五届四川省青年科技奖。王静致力于水稻高产、抗病等相关分子机制的研究与应用。先后在 *Science*、*Nature Genetic*、*Plant Cell* 等国内外知名期刊发表 SCI 论文 30 多篇；获 2020 年度四川省科技进步奖（自然科学类）一等奖；参与培育水稻新品种 10 个；多篇论文被 ESI 收录为热点论文和高被引论文，被 F1000 推荐；研究成果入选 2017 年“中国农业科学重大进展”、2018 年“中国农业科学重大进展”。

[本单元图片由四川农业大学党政办公室、党委宣传部、科技管理处、档案馆（校史办公室）、马克思主义学院、动物营养研究所、园艺学院、环境学院、国家重点实验室、食品学院、农学院、水稻研究所提供]

附录：

学习强国：【先锋】科研路上党旗红

——记全国先进基层党组织四川农业大学动物营养研究所党委

“学习强国”四川学习平台　2021—09—08　通讯员 杨雯

在四川农业大学，只有不到60名教职员工的动物营养研究所特别引人注目：全所不但科研总经费和人均科研经费名列全校前茅，而且还拥有博士学位授权点、博士后流动站、国家重点学科、教育部和农业农村部（区域性）重点实验室；国家级教学团队、科技部重点领域创新团队、教育部创新团队、农业农村部创新团队；国家级实验教学示范中心、教育部工程研究中心等众多头衔。动物营养研究所曾先后获评全国教育系统先进集体、四川省高校党组织“对标争先”计划标杆院系培育单位和首届新时代高校十大基层党组织实践案例。在中国共产党成立100周年之际，动物营养研究所又被党中央授予全国先进基层党组织的荣誉。

是什么让这个集体释放出如此巨大的能量？“我们靠的就是团队凝聚力！”研究所党委书记钟邦胜自豪地说，在团队建设中，研究所充分发挥基层党组织的战斗堡垒作用，为推动事业发展提供了有力的保障。

一个坚强的战斗堡垒

“如果没有为人民的宗旨意识，那么我们不可能在那么艰苦的条件下，创新性地建起‘猪公馆’……”今年6月初，结合正在如火如荼开展的党史学习教育，退休多年的王康宁老师又一次被请来，给所里的年轻人讲述所里老前辈艰苦奋斗的历史，增强年轻学者克服困难的信心，帮助他们更好地融入团队，开展研究工作。不仅是这次的党史学习教育，研究所还不时请老前辈来“传经送宝”，让后辈学人从他们那里汲取不断奋进的精神养分，补足精神之钙，这是动物营养研究所党委形成多年的老传统。

为加强师德师风、教风学风建设，挖掘优秀学科文化的育人功能，研究所党委不仅举办“听老一辈讲学科建设”等活动，还抓住杨凤先生100周年诞辰纪念等时机，传承好“川农大精神”，弘扬“先做人，后做事”的优良作风。

多年来，营养所党委一直强调“先做人后做事、道德与文章并重、思想与业务并重”，因此始终重视强化思想引领力，并把加强党的建设作为做好各项业务工作的根基。研究所党委为此开展了大量的工作，构建完善了以党的政治建设为统领，传承弘扬“川农大精神”和“奉献、协作、求实、创新”的营养所团队精神，构建党建与中心工作目标、过程、结果有机融合，以一流党建，促进锻造一流团队、培养一流人才、产出一流成果、提供一流服务、建设一流学科新格局的“1统领2弘扬3融合4促进”融合式党建模式。

营养所党委班子始终带头做到“双注重”，即注重学习锻炼，通过参加党委中心组学习、外出培训、挂职锻炼等形式创建学习型班子；注重将理论学习与中心工作和服务国家重大战略相结合，团结协作、真抓实干，做到学思用贯通、知信行统一。营养所以国家重大战略需求和产业问题为导向进行了大量创新性研究，取得了一批关乎人与动物健康的标志性成果。其中，先后获国家科技进步奖二等奖的两个项目，正是旨在解决我国淡水鱼和生猪养殖中存在的用药量大，影响产品和产业安全等问题，服务国家和社会发展需求。

为夯实党建基础，营养所党委不断创新各种机制。通过邀请专家专题讲座、集中研讨等方式高质量开展“三会一课”，完善理论学习机制；健全支部建设机制，根据课题组、实验室等实际情况，探索“网格化”建设党支部，不断优化支部设置。最近，针对不少师生因为实验需要较长期待在雅安农场的实际情况，所党委研究在目前9个党支部的基础上，再增设一个临时党支部，扫除党建“盲区”。

所党委创新工作制度，完善老党员与新党员、党员与入党积极分子、党员与群众三个“1+1”结对互助机制，细化班子成员联系研究室、党支部、教师、民主党派人士制度，健全党政工、研究生会和导师齐抓共管的师生思政和意识形态工作机制，形成了党风正、教风好、学风优的良好氛围。正是在这样立德树人、严谨治学的氛围里，营养所培养的研究生茁壮成长，走上工作岗位后广受好评，不少成为业界翘楚或业务骨干。营养所还收获了1项国家教学成果二等奖。

一份沉甸甸的成绩单

有效的党建工作不但增加了大家的凝聚力，也增加了团队干事创业的动力。

近五年，营养所党委强基固本，筑牢立德树人堡垒，师生党员获评全国创新争先奖、优秀科技工作者、“庆祝中华人民共和国成立70周年”纪念章，省优秀共产党员、师德楷模、杰出人才奖，国家奖学金等省部级以上荣誉奖励61人次。

近五年，营养所党委对标一流，提升原始创新能力。猪抗病营养研究成果让老百姓吃上“放心肉”，填补了猪营养标准空白；草鱼健康养殖研究成果大幅度降低了食用鱼体内的药物残留；碳水化合物提高母猪繁殖效率研究成果较好解决了母猪繁殖效率低这一制约我国生猪高效生产的瓶颈问题；饲料资源开发利用研究成果降低了畜禽养殖对豆粕的需求，助力解决豆粕进口“卡脖子”问题。五年来，全所共发表科研论文746篇，其中SCI论文577篇；主持的项目获国家科技进步奖二等奖2项，部省科技进步奖一、二等奖各3项，三等奖5项。母仔猪一体化营养、动物抗病营养、淡水鱼营养等三个领域的科研水平达到国际一流、国内领先水平。所属学科在全国第四轮学科评估中获A−，入选国家和省一流学科建设学科，保持ESI前1%，排名持续上升。

近五年，营养所不忘初心，勇担兴农使命，始终坚持以服务社会为己任，不断把研究成果快速应用于生产实践，服务农业农村与经济社会发展、脱贫攻坚和乡村振兴等国家重大需求。营养所先后与31个大中型企业和地方政府共建博士工作站、研究中心和产业研究院，研发新产品、推广新技术、转化新成果，校企合作模式入选教育部《中国高校与大型企业合作典型案例集》。编写的《图解畜禽标准化规模养殖系列图书》等科普读物助力打赢脱贫攻坚战，受到中国新闻网等多家主流媒体宣传报道。近五年，新增校企（地）共建博士工作站、产业研究院等20个；开展横向合作项目278项，组织参加科技研讨培训76场次，转化科技成果30多项，研制新产品16个，企业新增产值超100亿元，创造了显著的经济和社会效益。

一个个动人的故事

堡垒无言，却能凝聚力量。党员们亮身份、当先锋、树形象，成为营养所奋进中不可或缺的中坚力量。

“川农动物营养学科没有天时，没有地利，只有人和。”曾有“211工程”评审专家感叹。“女人当男人用，男人当超人用”，这里无论专家学者还是科研助理，工作量都绝对饱和，“5+2”“白+黑”是大家工作的常态。一个个深夜甚至凌晨，成都校区第六实验楼、第七教学楼下，最晚离开的车子大部分属于动物营养研究所的老师们。

为工作，陈代文教授一天赶过三趟飞机，曾疲惫到在和同事讨论时不知不觉晕过去，但始终坚持“努力到无能为力，拼搏到感动自己”；周小秋教授总是早上7点半就到办公室开始忙碌，几乎全年无休。

还有更多的“70后”“80后”中青年骨干，他们担起了科研任务的具体实施工作，在人才培养、对外服务中挑起大梁。“平台越多，越能对学科发展提供更有力的支撑，但平台多也意味着事务性的工作多。几乎每位专家教授除科研外都承担着其他‘副业’，但从没人叫苦叫累，推脱逃避。”联络、计划安排、接待陪同一批批的“111基地”专家，冯斌教授硬生生把感冒咳嗽拖成了支气管炎而住院；申报省发改委的重点实验室，王建萍副教授快到预产期还挺着大肚子备材料，迎检查……

其他基层管理服务人员也不轻松，不是在办公室就是在实验室或农场。太多时候他们顾不上家人，个别女老师把要小孩的事儿一拖再拖；工作多年的科研助理自嘲得了“过劳肥”……但只要所里一召唤，所有人还是无条件全力以赴。

喊破嗓子，不如做出样子，一个党员一面旗，榜样力量引领前行。“在这样的一个集体中，想有丝毫懈怠都不好意思。”“看着老师们都是这样‘拼’过来的，感觉没有理由不好好做。”一种属于川农动物营养人的精神和气质就这样被传承着。

成绩的背后凝聚了营养所全体的辛勤和汗水。“站在两个一百年的交汇点上，川农营养人将从党的光辉历程、优良传统中汲取精神力量，把立德树人作为根本任务，把强农兴农作为最高追求，紧扣国家和时代需求，以科技优势服务国家畜牧水产业发展，为学校建设有特色高水平一流农业大学，为实现第二个百年奋斗目标、实现中华民族伟大复兴的中国梦做出更大贡献。”钟邦胜说。

面对这样的一个集体，这样的一群人，我们有理由相信，他们将在一流学科建设的道路上继续“甩开膀子”，迈出更扎实有力的步伐。

《四川日报》：颜济——一代大师的传奇人生

2021—03—02 通讯员 张俊贤　记者 江芸涵

• 他学牙科、学飞行……最终成为小麦专家

• 作为“川农大精神”的奠基者之一，他一生“以兴农事为己任”，让四川小麦生产实现了“三级跳”

• 历时近 20 年，他和夫人完成了 5 卷 370 万字的《小麦族生物系统学》巨著，这是当今全世界唯一的全面总结小麦族生物系统学研究成果的专著

“我一生追求的是科学真理，客观认知。”

2021 年 2 月 6 日，我国著名小麦育种专家、植物学家、小麦族生物系统学奠基人、四川农业大学颜济教授因病逝世，享年 97 岁。

他让曾在四川地区价格昂贵的小麦，成为老百姓餐桌上的平价美食，他选育的小麦品系创下 20 年保持抗性不衰的世界纪录，为世界细胞遗传学做出了卓越贡献。

他还有许多人都非常羡慕的才能：学过牙科、会驾驶飞机、会画卡通、会做精细的杂交科研、会写奔放的论文、会在讲学时滔滔不绝而不用任何手稿、会做得一手好菜、还会给自己理发……

一代大师传奇谢幕，科学精神永存！

投身农业　传承父辈精神立志报国

颜济，1924 年生于四川省成都市的一个书香门第。父亲颜楷青年时在北京受维新派领袖杨锐的影响，留学日本东京大学时又受孙中山等人的熏陶，在四川“保路运动”中被推为领袖之一，成为四川辛亥革命的主要人物，之后创办四川法政学堂，开创四川法制教育。

颜济 3 岁那年，父亲病逝，母亲邹先鋆扛起了抚养三个子女的重担。邹先鋆“五四”时期毕业于成都女子师范学校、毕生从事教育事业，也是一名老共产党员，不仅工诗能文，还擅长绘画。颜济后来的科研专著中，数百张植物分类图全是自己绘制，正是得到了母亲的真传。

父母的刚直不阿、淡泊名利、家国情怀，深深影响着颜济一生。

1943 年，颜济进入华西协合大学牙科学习，如果不出意外，他会成为一名出色的牙科医生。在那动荡的岁月，个人命运总是跌宕起伏。1944 年，颜济毅然投笔从戎，考入空军军官学校 24 期学习飞行，以身报国。

在云南昆明就读期间，颜济通过表兄张彦与马识途相识，常听他们讲革命道理。后来，他离开空军，重返大学。

彼时，家庭经济拮据，颜济无法继续读牙科，遂转到农艺系，两年后就把农艺系的课都学习了。由于成绩好，老师就让颜济在生物系当学生助教。颜济后来回忆说，这一段时间虽然辛苦，但一生受益无穷。“在管相桓与何文俊两位教授指导下读书、做科学研究、教学生实验课，打下了植物学科学知识与科学研究技能的坚实基础。”

颜济毕业后留校任教。1949 年成都解放前夕，颜济放弃已经获得的到美国爱达荷大学留学的机会，留下来，在地下党的领导下积极参与护校迎解放运动。新中国成立不久，颜济加入了中国共产党。

播撒好种　留下小麦研究成果巨著

四川小麦生产，自新中国成立以来已连续跃上了两个台阶，每一个都与颜济分不开。

20 世纪 50 年代初，四川小麦主栽品种大都从意大利引进，条锈病和倒伏严重。小麦产量低，白面是天价，普通百姓吃不起。颜济下了决心，“我一定要摘掉小麦低产帽子。”

在很多人觉得在四川无法育成小麦良种的时候，颜济不相信只有外国的麦种好种田。他以地方品种为基础，进行矮秆抗倒、抗病的系选，同时引进国外新的种质，施行杂交育种。“对科学家所讲的话不能迷信，实践才是检验真理的唯一标准。”这句后来颜济经常对学生讲起的话，也是他毕生的信条。

1962 年，以中国城市命名的“雅安早”和“大头黄”“竹叶青”开始大面积推广，四川小麦由亩产 300 斤到 400 斤，提高到亩产 500 斤到 600 斤。这批新品种不仅是四川本省自己育成的第一批大面积推广的品种，而且与当时引进的意大利良种“阿波”在四川“平分秋色”，播种面积各占 1500 万亩左右，打破了国外引进品种在四川一统天下的局面。

要想让小麦单位面积产量再上一个台阶，得让小麦既缩短生长周期，又增加产量。当时许多人认为这根本办不到，可颜济又不信了。

熟悉植物器官发育形态学的颜济认为，人对农作物的需求不是全植株，而是特定器官，如果特定器官畸态发育，就能提高农作物产量。他设计出一种缩短小麦某一生长周期，延长另一部分生长周期的育种方案。

当时，也有美国学者提出类似的方案，但培育出所需特性的概率太低，实际上很难应用。颜济重视种质资源的收集，在设计时加入了选育显性基因的方案，让优良基因融合，选育出的“繁六”及其姊妹系亩产提高到 700 斤至 800 斤，部分地区甚至出现亩产过千斤的情况，还让小麦抗病属性 20 年不衰，成为四川小麦生产的当家品种，占全省小麦栽种面积的90%以上，为小麦育种开拓了一种新路。

据不完全统计，“繁六”及其衍生品种仅在1978年—1988年十年间，四川省就累计种植2.1亿亩，增产小麦65.5亿公斤。这些品种还广泛种植于陕、甘、黔、滇、湘等省，创造了巨大的经济效益和社会效益。

1990年，颜济主持的“繁六及其姊妹系”在全国各地因抗条锈病与高产，以它为亲本在全国各地选育出大批优良品种，作为优良种质资源而荣获国家技术发明奖一等奖。

让四川小麦产量上了两个台阶后，颜济又开始了他的“第三级跳”育种目标。他深知，这个目标的完成需要更多的铺路工作，需要有一个新知识、新材料的积累过程。

颜济把眼光放在现有小麦栽培品种以外的小麦族种质资源上。

20世纪80年代，在联合国国际植物遗传资源委员会的资助下，颜济开展中国大区小麦种质资源调查项目。有一次，他把从新疆采到的一株植物带回实验室研究，发现这株植物有六倍体染色体。他大胆判断，这是鹅观草属的StY染色体与冰草属的P染色体结合，形成的小麦族的新属，并把它命名为仲彬草属。这是国际上第一次以染色体组型为依据，发现的小麦族新属。

“我为什么能发现这个是新的？那是因为我们完全掌握了旧的，才能认识到新的。”从1983年到1998年，15年间，颜济和夫人、植物学家杨俊良教授，带领学生和助手们，跑了全国16个省（市、区）和美国、加拿大、澳大利亚等7个国家进行野外实地调查，哪里有小麦族植物资源，哪里就有他的足迹。苦和累对颜济而言早已适应，即便是5000米高原，他也若无其事，而此时，许多年轻人已有强烈的高原反应。

在颜济70岁的时候，本该颐养天年，他却开始将他一生对小麦族种质资源的研究成果撰写成册，为科学界留下自己研究的成果。

颜济与杨俊良携手，开始了撰写《小麦族生物系统学》的漫长旅程。为了能够顺利查阅到大量国外的文献和资料，20世纪90年代，两位教授远渡重洋，许多年都居住在美国南达科他州儿子颜晹家中以及加州戴维斯的老年公寓里，硬是将他们掌握的海量知识和科学文献，通过艰苦的耕耘一个字、一句话地汇集成册。

历时近20年，他们终于将一部共有5卷370万字的《小麦族生物系统学》巨著完成，记载了小麦族的30个属，2个亚属，464个种，9个亚种，186个变种，这也是当今全世界唯一的全面总结小麦族生物系统学研究成果的专著。

手把手教　“吼”人的“严”老师深受爱戴

颜济去世前3个多小时，给四川农业大学副校长刘登才教授发了一条微信，刘登才回复了一句，“颜老师，好的哈”。没想到这简单的六个字，是他们之间最后的一次交流。

刘登才1992年开始读硕士，那年他22岁，颜济68岁了。“一晃近30年了，我与他见面的时候很多，他没有给我上过一堂正式的课，但赋予我决心和毅力；他没有教我做试验，但教会我讲逻辑；他很少用语言教育我，却对我的教育刻骨铭心。”

“初见颜济老师，感觉他高大魁梧，神态严肃，言语不多，说话言简意赅，铿锵有力，掷地有声，俨然一位身经百战的将军。”四川省农业科学院原副院长黄钢，还记得1984年第一次见到老师时的样子。

由于当时研究生少，有些专业课，常常有一对一或一对二、三授课的情况。即使在这种情况下，颜济仍然认真备课讲课，一丝不苟。他非常重视学生在理论联系实际和实际操作能力方面的培养，在实验室、试验田和野外考察工作中，总是亲自示范，严格要求。“怎么在育种时选优汰劣，如何评价亲本，甚至细节到如何捆样本、挂样本，颜老师都会带我们到小麦育种地，手把手教。”

有一次，颜济从雅安专程开车来成都，那时黄钢已经研究生毕业，在省农科院上班。“他很严肃地告诉我，他发现我的硕士研究生学位论文中有一个错别字和一处标点符号有错。他说，作为导师他应负主要责任，这次到成都来特别提醒我，希望我今后科研上要一丝不苟，精益求精。”数十年来，这段往事黄钢一直记在心上。

而让刘登才念念不忘的是颜济的管理方式：“吼”。他的学生，都被他带去都江堰廖家桥吃过肥肠，只要他在，一定是他买单，否则要被“吼”。“导师买单也逐渐养成了习惯，我毕业工作后也这样。我不敢给他送任何礼物，因为他要‘吼’。一大早，他会在学生寝室楼下‘吼’我，弄得睡不成懒觉。出门不关灯要‘吼’，实验室不整洁也要‘吼’，总之，我挨‘吼’的时候多。”

在学生们眼中，颜老师不仅是“严”老师，还是屡出奇招的老师。从1988年招收博士开始，他就要求自己的博士，必须在国际学术刊物上至少发表两篇论文才能毕业，这在当时，是很少见的。

正应了“严师出高徒”一语，他所带出的20位博士、硕士弟子如今都已成为学术带头人或学术骨干。

一生传奇　生活有情趣科研也浪漫

“把一生都献给了科学！终于放下了！去陪他执恋的老伴了！爸爸走好！”2月6日晚，颜济的小女颜丹在微信朋友圈发文。

颜济和杨俊良育有三女一子，三个女儿都已退休，儿子在美国任大学教授。在颜丹的印象中，颜济对孩子教育“放得开”，不会管很多，就两点：做人要诚实，读书要用功。

“爸爸多才多艺，开飞机开汽车，爱好游泳，诗词书法绘画木刻样样精通，还会做衣服捣鼓针线活儿，在家里都是爸爸做家务更多。妈妈和他是同行也是同事，一起搞研究，写一手好字，歌唱得特别好。”

在亲朋和学生眼中，颜济是一个无所不能的奇人，这些特质、性格与才干让许多人难以企及。他爱好广泛，讲究生活情趣，就连小麦材料的名字，也要“折腾”。

刘登才读书期间，颜济在美国时给他写过一封信，主要说品种取名字要fascinating，意思是要“迷人”。当时，小麦研究所有个小麦品系，田间代号为94－3854，他说3854是“姑娘”的意思，因此该品系称之为“姑娘麦”。可惜，“姑娘麦”没有被审定，很少有人知道。

把科研做得浪漫，也许跟幼年颜济接受的教育有关。

“我三四岁，母亲就教我读唐诗，五岁就学作诗。”颜济6岁时随爷爷颜伯勤去青羊宫，写有“我来青羊宫，鲜花几度红？道人饮我酒，沉醉在春风”一首即兴之作，被学校老师和亲友称道。

作为土生土长的成都人，颜济对川菜和成都小吃情有独钟。“有三种小吃我至今难忘，但是现在没人做了！”晚年，他还特意撰文《川菜、川味、食在成都》，记录已经失传的商业场路口旁华兴街的“鲜羹汤”、提督西街九龙巷口的“蒜羊血”和上南大街的“炉桥面”。

颜济的学生、复旦大学特聘教授卢宝荣说，恩师虽然已经远去，但是他的风采、他的才华、他的睿智、他的科学精神，以及他对事业的锲而不舍，将永远激励后人前行在科学探索的大道上。

新华网：水稻院士周开达辞世　被誉为西南杂交水稻之父

2013－07－21　华西都市报记者 刘春梅　余行

头上顶着湿毛巾，身穿老头儿衫，是周开达烈日下进行水稻研究的标准行头。

昨日上午，中国工程院院士、四川农业大学教授、全国著名水稻育种专家周开达因病医治无效在川大华西医院去世，享年80岁。自2000年在做报告的讲台上倒下，周开达已住院13年。得知噩耗，四川农业大学的师生在微博上一片悲痛。

1个月前，本报《名人堂》栏目曾对周开达进行报道，家人、同事和学生仍期待奇迹发生。如今周老远去，成为全国水稻育种领域一大损失。儿子周晓禾说，父亲离世有些突然，但对父亲来说终于摆脱病魔折磨，也是一种解脱。

一个传奇
从挨饿少年到农学院士

在全国农业科技界，很早就有人仿照金庸小说，排列出“南帝、北丐、东邪、西毒、中神通”5位农业泰斗人物。其中“南帝”指进行水稻矮化育种研究的广东黄耀祥，“北丐”是研究北方粳稻超级稻的沈阳杨守仁，“东邪”是培育“汕优63”解决了第一代杂交稻不抗稻瘟病问题的福建谢华安，“西毒”就是研制雄性不育系杂交稻的四川周开达，研究超级杂交籼稻的湖南袁隆平则被称为“中神通”。

“西毒”周开达，影响着中国西部乃至整个中国的水稻种植。

1933年，周开达在重庆市江津县先锋乡晓堂村出生。接受华西都市报采访时，周开达的妻子李仁恕说，周开达是家里第6个孩子。从小就经历巴蜀饥荒，没少挨饿。上中学时，因为交不起几担大米作学费而报考农业职中。也正是这些经历让周开达立志要让大家都吃上大米，远离饥饿。1956年，他考上四川大学农学院（现四川农业大学），成为著名水稻专家杨开渠教授的得意门生。毕业后留校，1965年被调到四川农业大学水稻研究所，从此周开达找到了自己的舞台。

20世纪70年代末，经过10多年系统研究，周开达的冈型雄性不育杂交水稻开始在四川推广。一年后，试点地区水稻亩产已近千斤，平均每亩增产约30%。周开达的儿子周晓禾说，这种变化是惊人的，意味着同等面积的土地可以养活更多人。当时，周开达研制的冈型、D型杂交稻和袁隆平研制的籼型杂交水稻，成为全中国种植面积最广的水稻品种。即使现在，冈型、D型杂交稻在长江中上游及云、贵、川等地仍广泛种植，约占全国水稻种植面积的三分之一。

1999年11月，周开达当选为中国工程院院士，也是四川第一个农业院士。

一个父亲
常年“南繁”被儿子喊叔叔

在周开达家中，至今还保存着两个大箱子，这对周开达来说意义非凡。这是他“南繁”时不可缺少的装备。

受气候条件影响，四川常年水稻只产一季。为加快育种进程，自1972年开始，周开达一年分别在雅安、南宁和海南岛种三季水稻，去往南方育种就叫做“南繁”。

“南繁”时，周开达用担子挑着两个箱子。其中一个铁皮箱里放育种需要的材料和种子，另外一个木箱装着简单的衣服和腊肉、干粮。再加上风尘仆仆赶路的姿态，周开达就像《西游记》里的沙僧。为追赶时间，有时连泡种都是在火车上进行。一到目的地，就马不停蹄开始播种。

1969年出生的周晓禾，童年记忆里大多是父亲匆匆离开的背影。由于在家时间少，周开达的妻子李仁恕曾跟周开达开玩笑，让儿子喊他“叔叔”。“小时候不知道，我还真的喊了。”周晓禾回忆，父亲为做育种研究，很能吃苦。每次去海南都要赶火车再换水路，有时候为了等船，要在渡口临时搭的窝棚里勉强过夜。

虽然小时候对儿子的照顾不多，但周晓禾的名字却寄托着周开达的期望。周开达育有两子一女，本准备用“岁寒三友”松、竹、梅来给孩子取名，排到小儿子周晓禾应为“周晓竹”。但在周晓禾出生的1969年，周开达的水稻育种研究遭到批斗，他不得不“偷偷摸摸在地下从事育种研究”。当时研究已有初步成果，周开达希望能够顺利进行下去，就给小儿子取名“周晓禾”，寄托期望。

科研像“恋爱”要多培养感情

每年端午节，李仁恕都要在家煮几大锅粽子，然后挨个分给周开达的学生吃。这个习惯，在周开达住院后仍未中断，今年端午节，学生们又吃到了周老家的粽子。

李仁恕当过4所小学的校长，对学生有着天然的感情。周开达和她对待学生更像是家人。生病前，周开达曾自谦地称自己一生只做了两件事，“育种”和“育人”。甚至学生找对象也会带给他们夫妇“把关”。

四川农业大学水稻研究所副所长李仕贵，1995年成为周开达指导的博士研究生。1998年博士毕业，李仕贵的论文被评为优秀博士论文。这个消息让周开达特别振奋，他表现得比获奖者本人更高兴。“周老师邀请我们集体出去撮一顿，还一定要他买单。”

李仕贵说，在做学术方面，周开达对学生要求非常严苛，自己能吃苦，也鼓励学生吃苦。但在生活上对学生很照顾，自己不食烟酒，偶尔有机会得到好酒都会留给学生。许多传统节日都是跟学生一起过，还喜欢为学生下厨做菜。1988年硕士毕业的学生刘建飞说，他3年研究生期间的每一个节日都是在周老师家里过的，那些家宴的味道让他印象深刻。

周开达对学生的爱，更多体现在对他们科研方面的要求。他曾对学生说，搞科研就像谈恋爱，“要经常看，经常观察，多培养感情”。

周开达一生物质生活简单。一件被称作“老头衫”的白背心，头顶搭个湿毛巾，就是下田的标准行头。直到住院前，周开达仍住在四川农业大学成都校区的筒子楼里。学校为他修的3层小别墅院士楼2001年竣工，他一天也没有住过。“好的生活条件他都没有来得及享受，就住院了……”周晓禾的这句话，是周开达一生物质生活简单的写照。

一份怀念
微博千人悼念

昨天中午，四川农业大学副校长张强在微博上发布周开达去世的消息，引发近千人次转发和评论悼念。随后，四川农业大学师生的微博上一片悲痛。许多学生回忆此前与周开达或其妻子的经历。微博名为“博弈白棋”的网友称，2天前下雨时路过周开达院士的院子没有带伞，一位婆婆很高兴地借给了他们，还说下午要去医院照顾周院士，家里没人，伞可以放在外面。后来他们才知道那就是周开达的夫人李仁恕。

周老的一生，就像他极钟爱的稻穗。前半生攻坚，默默成长，后来取得成功，当选为中国工程院院士，又像成熟饱满的稻穗，仍旧躬身在田里。因为对科研的关注，周老在生活中几乎没有什么爱好。家人说周老不善言辞，学生却赞他思维开放，这种对比也是一个注脚：他的毕生精力和热情，都投入到了育种领域中。

儿子周晓禾说，虽然父亲已经卧床10多年，但现在离开还是觉得很突然。前天下午，周晓禾还像往常一样从温江开车来到川大华西医院照看父亲。自2000年周开达入院以来，这个习惯已经坚持了13年。为了照顾父亲，周晓禾推掉了手里的所有工作。他说，前天照看父亲时，除了有点发炎，一切都很正常，没想到昨天上午，父亲就永远离开了。

周晓禾认为，父亲能与病魔斗争这么久，已经是奇迹，“与病魔斗争是件十分痛苦的事情，现在对他也是一种解脱，他终于可以休息了。”

《四川日报》：中国工程院院士、玉米遗传育种学专家荣廷昭：我只是个种了几十年玉米的普通教师

2019年04月07日　记者 唐子晴　江芸涵

“我只是一个种了几十年玉米的普通教师，和团队一起做了一些本专业的事而已。”3月29日，记者在四川农业大学雅安校区见到84岁的荣廷昭，这位一辈子和玉米打交道的老人这样概括自己60多年的专业研究。

最近，荣廷昭的科研团队正在进行玉米新品种“川单99”的种植试验，“这个品种抗逆性强，产量稳定，更适合西南地区的地形和气候特征，有前景也有突破性。”

出身农村的荣廷昭说，自己之所以选择从事农业研究，是因为对“三农”的热爱。年少时在农村，经常看到一场风雨后大片农作物倒伏，格外心疼。1953年，荣廷昭考入四川大学农学院，1957年，他毕业后留校任教，投身玉米遗传育种研究。

最初的试验田就在雅安渍江桥旁的一小块农田里。经过数十年的努力，荣廷昭和他的同事们在玉米育种上取得了不小的成绩，先后选育了川单8号、川农三交2号、川单9号以及后来的川单10号、11号、12号、13号、14号等“川单系列”品种。其中，川单9号于1995年被遴选为“全国十大农作物新品种”，并获国家重大补助。

到20世纪末，四川农大选育的杂交种最高峰时曾覆盖了四川省三分之一的玉米种植面积。

就在常规玉米高歌猛进的时候，荣廷昭以超前的眼光意识到，“随着人民

生活水平的提高，甜糯玉米需求势必日益增强。”于是，他组织玉米研究所部分同志开展甜糯玉米研究。截至2015年，玉米研究所审定了多个甜糯玉米新品种，其中包括产量高品质好的甜玉米品种“荣玉甜1号”，2015年“荣玉糯9号”也通过国家审定。“荣玉甜1号”是西南地区第一个通过国家级审定的甜玉米新品种。

从事玉米遗传育种研究60多年，荣廷昭结合西南实际对传统育种方法进行了改良。此外，为解决在南方发展草食性畜牧业所面临的粗饲料短缺矛盾，他组织一批年轻同志新开辟了利用植物营养体杂种优势培育饲草玉米育种的新方向，现已组配出并已经过四川省或国家审定的一批新品种，具有生长繁茂、抗逆能力强特点，有的还具有多年生性能并具保持水土功能，取得了显著的经济、社会和生态效益。

作为资深农业研究者，荣廷昭身上有一股执着劲儿。20世纪80年代，我国生物技术开始兴起，荣廷昭意识到生物技术将会给今后的作物遗传研究带来革命性的冲击和发展，就大力支持玉米研究所的年轻人从事玉米分子生物学研究，同时着手建设了学校玉米分子生物学实验室。玉米研究所在分子生物学方面的研究进入全国先进行列。

84岁的荣廷昭格外重视团队建设和后备人才培养，对年轻研究者充满期望，“做研究是辛苦的事情，需要年轻一代坚持再坚持。”

【心语心愿】

荣廷昭：中国人饭碗里的粮，要有属于自己的好品种。坚信祖国的明天会更好！

学习强国：【教师风采】周小秋：忠于选择　坚持到底

“学习强国”四川学习平台　2020—06—05　通讯员 李劲雨

周小秋的本科、硕士和博士三个阶段都就读四川农业大学，循着周小秋一路走来的足迹，不难发现老一辈川农人缔造的“川农大精神”一直融入在他的血液中。

忠于选择　坚持到底

1990年7月份研究生毕业后，周小秋便留在四川农业大学动物营养研究所工作。

在猪场3年的养猪锻炼，既修炼了他独特的工作作风，也训练了他的基本工作能力、研究能力、管理能力和操控能力。后来，到仁寿下乡锻炼一年，使他的科研工作更加接地气，更加懂得当时的生产实际和社会需求，为运用能力的提升夯实了基础。

留校后，周小秋成为图书馆的常客，他发现水生动物营养研究在全国农业高校中还是一片空白，便很快锁定了个人研究方向。他大着胆子在没有教材的前提下，申请为本科生开设一门课程——鱼的营养与饲养学，以此开启水产营养方向的教学科研工作。“一切都从零起步，当时是三无，无钱无场地无人。”周小秋笑着说。

相关领导对这位有想法有干劲的年轻人很是支持，拨给他相关场地作为实验室。虽然离家不到十分钟路程，周小秋却搬到了山上，住进了实验室，家人给予了他极大的支持。由于鱼饲料不同于猪饲料，对保鲜的要求特别高，所有能用上的工具统统贡献出来。行李被褥也抱到了实验室里，为了做好手上的实验，实验室成了他需要时刻呵护的“婴儿房”。

条件再差　绝不抱怨

周小秋说，人家是快乐工作，我是工作快乐。

工作是原因，快乐才是结果。那些充满挑战的岁月留给他的都是各种深深浅浅的快乐。“条件再差，绝不抱怨。”他说，他的“心情管理学”受杨凤、端木道、陈可容、刘守恒、周开达、荣廷昭等老一辈大师影响甚多。

在攻读杨凤先生研究生时，见面的第一回，杨老就不无戏谑地说：“欢迎到地狱来旅游!”从这一句中，周小秋领略到多重意思：做学问，一则要甘于清贫、清苦；二则要耐得住寂寞；三则可以收获快乐。

后来他在遇到困难时常常用这句话来自勉，为自己打气。水生动物营养研究在四川农大从无到有、从弱到强的过程正是周小秋追求快乐的过程。

周小秋的经历，力证了正确选择和坚持是成功人生的关键一步。

在他看来，选择的原则一般有两种：一种是优势、特色原则；另一种是差异化原则。他选择了差异化，从最具优势的猪营养研究领域转到空白的鱼的营养研究领域，他的研究品种坚持了市场化、差异化和聚焦原则，研究领域从一般的营养代谢研究转到影响营养效果表达的关键营养调控：消化力、消化道健康、抗病力和水质质量。

“一个人要做到忠于自己的选择，从中修炼自己的意志力。”他说。

事业起步时，他不得不面对3大“拦路虎”：第一个是“硬件拦路虎”。基础为零，研究条件、资金和人为零，他要面对从零起步的挑战。鱼是低等动物，试验条件下养活非常不容易，而他只对养猪很熟悉，对鱼一点都不了解。第二个是“软件拦路虎”。科研启动之初，手上没有任何资源。第三个是“认同拦路虎”。鱼的营养研究起步晚，主要集中在需要量和物质代谢上，他集中研究的领域当时认同度不高，发文章尤其困难。

周小秋选择了一条以“虎”为伴的路。他告诫自己“忠于自己选择的人就是尊重自己”。忠于选择就获得了成长原动力。忠于选择，就获得了成长的加速度。忠于选择，就可能取得更大的成绩和成功。“不断地选择就等于选择了原地踏步和退步，就会怀疑自己的能力和失去了动力。”

克服困难 创造奇迹

周小秋的第一步是做好研究策划、确定研究方向，将研究品种聚焦到建鲤，将研究领域聚焦到营养和饲料与鱼的消化吸收能力、肠道健康、抗病力和水质质量的关系，后来再聚焦到我国养殖量最大的品种草鱼，研究领域聚焦到营养和饲料与器官健康、鱼肉品质的关系。其次，他确定年度计划、制定路线图，确定好每年应该做哪些营养素、饲料和添加剂，并逐渐确立一套有效可操作的研究方案，让它成为研究、执行及落实的依据，也成为查找问题、解决问题的一项重要依据。

鱼营养研究存在季节性、易出问题。2006 年以前由于资金有限，试验受到了极大限制，他不得不忘记节假日、白天和晚上，不得不在出差回来后第一时间赶到办公室、试验室、试验场，不得不在计划、方案和实施过程中反复讨论、反复论证、及时跟踪和落实到位，不得不及时与学生和团队对结果进行解读和分析。

他心中形成了“困难和难题是成长的发动机，成长的过程就是克服一个又一个困难和解决一个又一个难题的过程”的理念。他的学生们认为，周小秋老师本身就是一本教科书，他为了科研目标会不惜一切地去努力，去拼搏，去实现，在他的工作中，这成了习惯，成了一种深入血液中的自觉。

扎根基层 与企业成长

把科研成果转化为生产力，为国家和社会做出贡献，这是每一位科研人员追求的目标。

鱼营养研究优势转化为产业优势，周小秋再次做到了成功。

我国淡水养鱼存在发病率和死亡率高、用药量大和经济损失严重等问题，极大地威胁了鱼产品安全和产业健康可持续发展。

因此，社会上前来寻求技术帮助的企业很多，周小秋选择与 9 家企业建立博士工作站或紧密合作。他带领团队帮助企业解决技术创新的难题，提供技术指导，企业每年也将提供上百万元科研经费，博士工作站搭建起科学技术进入企业生产线的平台。

在转化科研成果过程中，他和团队不只转让成果，还提供后续的人才和技术服务，也就是“嫁女儿”的同时还送“嫁妆”，扶持企业走好“最后一公里”。企业的需求会给周小秋的研究提出课题，让他和他的团队在研究中选题更准。比如，健康营养饲料技术的提出来源于鱼的消化力和抗病力弱、水质恶化，肠道疾病、发病率、死亡率高和肉质下降，经济损失惨重的问题，需要解决鱼肠道等器官健康、机体健康和降低水质污染的营养和饲料的治本技术，为企业带去了百亿元的经济价值。

他的科研之路，做到了研究企业实际，有效地结合、消化、整合形成系统技术，提供综合技术支撑。他的鱼营养研究，也为企业的难点问题提供指导和帮助，研制竞争力强的产品，为企业的效益提升和发展提供科技支撑，使技术价值转化成上百亿元的经济效益。

学习强国：【教师风采】李仕贵：做好稻田里的大学问

“学习强国”四川学习平台　2020－06－12　张喆

在新冠肺炎疫情防控期间，四川农业大学水稻研究所李仕贵教授带领团队克服工作模式变化所带来的困难，科研工作不停步，连续在国际著名学术期刊《植物生理学》（*Plant Physiology*）和《实验植物学期刊》（*Journal of Experimental Botany*）发表研究论文。这也是他几十年如一日，发扬“川农大精神”，踏踏实实奋战在水稻育种研究一线的一个缩影。

做科技创新的先导者

“抗逆、品质、安全”是李仕贵教授团队近年来科研攻关的关键词。长期以来，他和团队一直都在为提高水稻的产量、品质不断努力。他对水稻育种研究的炽热溢于言表：“育种就是一个淘沙金的过程。我们根据常识选定了淘金地点，然后就靠经验和运气，育种选育带给了我无穷无尽的奇妙乐趣。”

李仕贵教授充分认识到传统水稻育种主要靠经验和易观察测定的外观性状进行选择，育种周期长、效率低，只有系统学习并掌握现代遗传学和分子生物学的理论和技术，提升育种理论、方法和技术，才能在自己的研究领域里创新领跑。

“我们要做的就是把基础研究和应用研究结合起来，在长江中上游形成自己的特色，因此利用分子生物学技术对重穗型杂交稻进行改良提升、协同创新是重点。”李仕贵对自己的研究方向很明确。针对蜀恢527抗倒性不足、难以适应机械作业的问题，李仕贵教授从玉米轮回育种成功经验中受到启发，建立了分子轮回育种方法，育成了新一代重穗抗倒型优质抗病恢复系蜀恢498和不育系川农1A等，组配出多个新一代重穗抗倒型杂交稻组合。其中，F优498被列为全国主导品种，Ⅱ优498、川农优498被列为四川省主导品种。F优498被农业部认定为超级稻，并遴选为长江上游国家区试对照品种，目前正大面积推广应用，取得巨大的社会经济效益。

骄人的成绩给李仕贵教授带来诸多荣誉。面对诸多荣誉，他却非常低调，“该干啥干啥，踏踏实实做好本职工作”是他一贯坚持的态度。目前，他带领团队主要开展水稻产量、逆境胁迫和稻米品质的遗传基础解析，取得了一系列重要进展。

将“川农大精神”传承

“都是老先生们创造了良好的环境，他们对我影响很大。”李仕贵对老一辈川农人创造的好条件很感激。

1990年，李仕贵在四川农业大学获得硕士学位后留校。老一辈川农人爱国爱校、敬业奉献、百折不挠、勇攀高峰的精神深深感染了他。1998年博士毕业后，李仕贵放弃了出国深造的机会，选择回到川农大。“一个新的水稻品种从研发到推广，往往需要十年，人生能有几个十年？老师们的研究已经奠定了扎实的基础，我有责任将他们的科学研究薪火相传下去。”如今，李仕贵教授也像他的老师一样，言传身教，悉心育才，自觉做教书育人的示范者。

“虽然李老师很忙，但他带学生总是亲力亲为，每个学生的研究情况他都掌握得清清楚楚。”

“李老师总是教育我们做研究要踏实认真，实事求是，每一步都走得踏实稳重。”

“我希望他们在科研道路上不要有任何畏难情绪，更重要的是养成一种开拓创新的精神。”这是李仕贵教授对学生的期望。

“作为农业科技人员，我要继续奉献自己的力量，全力推动祖国的农业农村现代化。”李仕贵教授对这份事业感到光荣与自豪。他表示，将继续“做科研、带学生”，做好稻田里的大学问。

结　语

壮阔的征程，源于领航的力量。

伟大的事业，孕育伟大的精神。

习近平总书记指出，“我们要认真回顾走过的路，不能忘记来时的路，继续走好前行的路”。

鉴往知来，百年恰是风华正茂，未来仍需风雨兼程。

接过历史的接力棒，让我们紧密团结在以习近平同志为核心的党中央周围，高举中国特色社会主义伟大旗帜，不忘初心、牢记使命，铭记光辉历史，传承“红色精神”，弘扬“川农大精神”，承继一代代川农人接续奋斗的光荣传统，大力发扬“为民服务孺子牛、创新发展拓荒牛、艰苦奋斗老黄牛”的精神，乘风破浪、一路向前，为实现中华民族伟大复兴的中国梦贡献川农力量！

后　记

川农大的百余年发展历程始终与党的发展同频共振、共同进步。站在百年历史交汇点上，由学校党委宣传部编撰的《百年伟业川农人》，既是学校开展党史学习教育的一项重要成果，也是进一步挖掘校史、丰富“红色川农”印记的一个重要举措。

本书全面总结和展示了川农人始终在中国共产党领导下，与国家民族同呼吸共命运的奋斗历程。我们也在此真诚地期望，本书能够为学校师生提供更丰富生动、更接地气、更深入的党史学习教育的材料，激励师生不忘过往光辉历史变迁，怀揣未来拼搏创新梦想，追随代代川农人跋涉足迹，继承与发扬“川农大精神”，把兴农报国的接力棒一代代传下去。

本书的出版，得到了学校党委的大力支持。学校党委书记庄天慧同志亲自审阅指导并为本书作序，学校党委副书记张强同志多次与编撰人员交流，提出修改意见。

本书由江英飒负责总体筹划和确立总体框架大纲，由张俊贤负责具体统筹。第一单元、第二单元由杨雯执笔，第三单元由张喆执笔，第四单元由龙泓宇执笔，第五单元由黄云飞执笔，第六单元由张俊贤执笔。图片搜集和整理筛选以及具体的执行、组稿均由胥棲梧负责完成。

书稿付梓之际，我们向所有关心支持本书编写的朋友致以衷心的谢忱！同时，因为本书涉及的时间跨度较长，资料来源较繁杂，加之水平有限，书中难免有疏漏和不足，还请读者批评指正，以便在今后修订时予以完善。

祝愿川农人在新的历史阶段，续写更加辉煌的篇章！祝愿学校发展更加蒸蒸日上！